CHRIS PAHL

GOTTES POWERBANK FÜR DEIN LEBEN

STARKE IMPULSE FÜR JEDE TAGES- UND NACHTZEIT

24/7

GerthMedien

Inhalt

Vorwort

Mein Akku ist leer! Mist! Seit dem frühen Morgen bin ich schon unterwegs. Jetzt ist es spätabends und die Akkuanzeige steht auf null. So ein Schrott, ich muss doch noch meine nächtliche Abholung organisieren! Ich bin müde und merke, dass mein innerer Akku grad genauso leer ist wie mein Handy-Akku ....

Aber dann hellt sich mein Gesicht wieder auf. Ich finde ganz unten in meinem Rucksack meine Powerbank! Gut, dass ich die doch noch eingepackt hatte! Also: Smartphone anschließen, zehn Minuten warten – und dann kann ich endlich meinen Kumpel Markus anrufen.

Ja, Powerbanks sind schon eine tolle Erfindung. Aber wie ist das eigentlich mit unserem inneren Akku? Was hilft, wenn die Lebenskraft und die Motivation gegen null gehen und der Glaube schwach wird?

Dann brauchen wir ein Energie-Kraftpaket – eine Powerbank.

Und genau das will dieses Buch sein: eine Powerbank für dein Leben und deinen Glauben. Denn alle 224 Seiten weisen auf den hin, der die größte Powerbank des Universums ist: Gott. Er hat eine noch höhere Ladekapazität, als du dir vorstellen kannst; ihm geht niemals der Saft aus – und er hat sogar eine Leuchtfunktion: damit du auf dunklen Wegstrecken deines Lebens sicher gehen kannst.

Diese Gotteskraft ist 24 Stunden sieben Tage die Woche anzapfbar. Gott ist ein Twenty-four-seven-Gott. Er ist in jeder Stunde, jeder Minute für dich da. Ganz egal, ob du grad fröhlich oder traurig, gestresst oder zufrieden bist. Er will dir in allen Situationen zur Seite stehen – damit dein Leben Kraft bekommt und einen Unterschied macht!

In diesem Buch geht es um deinen Alltag: um das Aufwachen, die Schule, deine Freizeit, deine Freunde, dein Smartphone, schwierige Leute, nette Leute, um deine Sorgen und Ängste – und natürlich auch um das Thema Mädels & Jungs ... Kurz: Es geht um deine glücklichen, aber auch deine nachdenklichen und schweren Stunden. Dazu gehört vermutlich auch das Aufstehen ... 😊 Damit geht es im ersten Kapitel los. Und dann geht es weiter durch den Tag – bis zum Ins-Bett-Gehen und sogar durch alle Nachtstunden. Einmal rund um die Uhr also!

Und nein, du musst jetzt nicht nachts um drei aufstehen, um das Drei-Uhr-Kapitel zu lesen. Wenn du willst, kannst du es aber natürlich tun (manchmal kann das sogar Sinn machen). Du musst mit dem Lesen natürlich auch nicht von vorn beginnen. Du kannst beispielsweise mit 18 Uhr anfangen und dann das 12-Uhr-Kapitel lesen ... Fühl dich frei.

Ich habe in dieses Buch eine Menge Humorvolles – und viel Herzblut – reingelegt. Immer wieder erzähle ich ganz ehrlich aus meinem Leben: von meinen Gefühlen, meiner Einsamkeit, meinen Peinlichkeiten, meinem Scheitern ... – und davon, was mir geholfen hat. Ich hoffe, dir damit Mut machen zu können.

Und nun überlege dir, welche Uhrzeit die schlimmste deines Tages ist, und dann beginn dort mit dem Lesen! Viel Spaß dabei! 😊

Dein Chris

Ach so, das hätte ich beinahe vergessen zu sagen:

Besonders freu ich mich über die 24 Clips, die ich zusammen mit Valo.Media extra für dieses Buch gedreht habe! Du findest sie auf YouTube und auf Insta unter „christipahl". Schau dir dort meine Nase an und starte das Lesen jedes Kapitels mit dem passenden Clip zur jeweiligen Uhrzeit!

Und noch was: Dieses Buch ist auch bestens ge_eignet, um es mit einer Gruppe, einem älteren Mentor, einem Kumpel oder einer Freundin zusammen zu lesen ...

AUFWACHEN MIT JESUS

DIE ERSTEN GEDANKEN DES TAGES

Schon gewusst?

▶ In den ersten zehn Minuten nach dem Aufstehen ist unser Gehirn leistungsschwach. Es erreicht nur 65 Prozent seiner Leistungsfähigkeit.

▶ Wenn man jeden Tag dreißig Minuten früher aufsteht, gewinnt man pro Jahr eine Woche wache Lebenszeit.

Und hier die drei besten Aufstehsprüche

Wer morgens zerknittert aufsteht, hat den ganzen Tag über Entfaltungsmöglichkeiten! ✔️

Mein Bett und ich, wir lieben uns, nur der Wecker will es nicht akzeptieren! ✔️

Heute Morgen starb mein Wecker um 6.30 Uhr an einem schrecklichen Wandunfall! ✔️

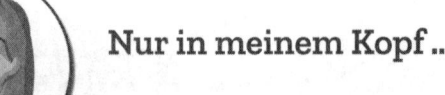

Nur in meinem Kopf ...

Ich liege im Bett und denke: Es war ein wirklich guter Tag. Wenn ich so darüber nachdenke, war er fast perfekt. Ich hatte keinen Stress mit meinen Eltern. Ich war nicht genervt von den Lehrern und es gab keine schlechten Noten. Auch habe ich keine Fehler gemacht, niemanden beleidigt, hatte keine wirren Gedanken, habe nicht gelogen und auch keine schlechten Witze gemacht. Heute ist wirklich ein Super-Tag! Es gibt nur ein Problem: Jetzt gleich muss ich aufstehen ...

Und schon wird's blöd. Beim Aus-dem-Bett-Steigen schmeiße ich die Wasserflasche neben meinem Bett um. Auf dem Weg zum Bad ruft meine Mutter, dass ich mich beeilen soll. Dann ist da über Nacht auch noch ein neuer, fetter Pickel gewachsen. Schließlich finde ich meinen zweiten Socken nicht. Und so geht es den ganzen Morgen lang weiter. Beim Frühstück liest mein Vater einen Vers aus einem Andachtsbuch: „Ein neuer Tag beginnt, und ich freu mich, ja, ich freue mich." Ich verdrehe genervt die Augen und denke: *Oh Mann, ist das dein Ernst?*

Der 6-Uhr-Bibelvers

Wache auf, mein Herz! Harfe und Laute, wacht auf, denn heute will ich die Sonne wecken. Dir, Herr, bringe ich meinen Dank.
Psalm 57,9–10; GN

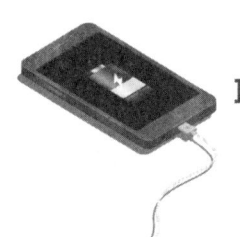

Impuls

Was machst du in den ersten fünf Minuten nach dem Aufwachen? Wenn ich das meine Freunde frage, bekomm ich Antworten wie: „Im Bett rumliegen" (die FAULEN); „Mein Handy auf neue Nachrichten checken" (die SÜCHTIGEN); „Na, aufstehen und mich sofort fertig machen" (die DISZIPLINIERTEN); „Bibel lesen und beten" (die FROMMEN); „Erst mal hundert Liegestütze" (die VERRÜCKTEN)...

Die ersten Minuten des Tages empfinde ich als eine ganz besondere Zeit. Sie entscheiden darüber, mit welchen Gedanken und Gefühlen ich in den Tag starte. Natürlich mag ich (wie wohl die meisten) Wecker-Klingeltöne nicht besonders, und freue mich auch nicht unbedingt, mein schönes warmes Bett zu verlassen. Und dann kommt gleich das nächste Unangenehme: meine Gedanken, die mir nach dem Aufwachen als Erstes durch den Kopf schießen. Manchmal sind es verwirrende Gedanken oder Bilder aus Träumen. Dann frage ich mich: Was soll mir dieser komische Traum sagen? Die zweite Gedankenwelle dreht sich dann oft um die Sorgen des bevorstehenden Tages. Ich denke an das schwierige Telefonat, den nervigen Mitsportler, der bestimmt wieder einen Witz auf meine Kosten machen wird. Mir fällt ein, dass ich noch Geld holen und mir überlegen muss, wie ich heute Abend wieder vom Training zurückkomme. Es gibt da ein schon etwas älteres Lied, das so beginnt: „Guten Morgen, liebe Sorgen, seid ihr auch schon alle da?" Wie wäre es, wenn ich, statt meine Sorgen zu begrüßen, mit folgenden Gedanken in meinem Hirn aufwachen würde?

Guten Morgen, mein geliebtes Kind! Ich liebe dich. Für mich musst du heute nichts leisten. Denk dran: Dieser Tag bietet dir tausend Chancen, Gutes zu erleben und zu tun. Freu dich auf den Geschmack von Nutella und das Lächeln des Busfahrers. Du kannst heute das Leben eines Menschen ein Stückchen besser machen. Und für alle Herausforderungen, Fehler und Macken hast du ja mich. Ich bin an deiner Seite.

In Liebe – dein Gott.

Das klingt doch nicht schlecht, oder? Ich glaube, das möchte Gott mir und dir morgens gerne sagen! An zwei Stellen wird in der Bibel beschrieben, dass Jesus früh aufsteht. Einmal in Markus 1,35: „Früh am Morgen, als es noch völlig dunkel war, stand Jesus auf und ging aus dem Haus fort an eine einsame Stelle, um dort zu beten." Und dann noch in Johannes 8,2: „Doch schon früh am nächsten Morgen war Jesus wieder im Tempel."

Jesus suchte am Morgen Gottes Nähe. Und viele Menschen haben es in Tausenden von Jahren schon ausprobiert, mit Gott am frühen Morgen ins Gespräch zu kommen oder sich mit ihm zu beschäftigen. Kann man mit Gott etwa morgens besser reden als abends?, fragst du jetzt vielleicht. Aber keine Sorge, die Tageszeit spielt natürlich überhaupt keine Rolle – Gott ist schließlich zu jeder Uhrzeit derselbe. Aber ich habe die Erfahrung gemacht: Wenn meine ersten Gedanken am Morgen hin zu Gott gehen, dann gewinnen meine komischen Traumbilder und Sorgengedanken nicht die Oberhand. Ich kann ihm die wirren Träume einfach hinhalten und ihn bitten, mir ein paar Sachen zu erklären. Und wenn ich ihn anschaue, den großen Schöpfer des Himmels und der Erde, dann werden meine Sorgen automatisch kleiner. Wenn ich Gott lobe, dann werde ich dankbar. Dann entsteht Freude.

Ich bin ja nun schon einige Jahrzehnte Christ, aber auch heute noch habe ich den Eindruck, dass es lauter kleine Fieslinge gibt, die nichts anderes zu tun haben, als mich von meiner morgendlichen Zeit mit Gott abzuhalten. Diese Fieslinge heißen: „zu spät ins Bett gehen", „Smartphone", „Bequemlichkeit", „schlechte Zeitplanung" ... Immer wieder muss ich es mit ihnen aufnehmen. Aber ich tue es, weil ich erkannt habe, dass es mir nicht guttut, wenn ich ohne einen Gedanken an Gott und mit dem Kopf voller Sorgen in den Tag starte.

Ich bewundere Menschen wie meine Eltern, die fast jeden Morgen mit den „Losungen" (das sind gezogene Bibelsprüche für jeden Tag des Jahres), Schreibzeug und Bibel eine halbe Stunde „Stille Zeit" machen. Und das tun sie schon seit über fünfzig Jahren! An ihnen sehe ich, wie diese Morgenroutine ihre Einstellung zum Leben mit all seinen Sorgen und Problemen verändert hat.

Auch ich habe meine „Morgenroutinen", aber sie verändern sich immer wieder. Zum Beispiel hab ich seit einiger Zeit das Handy von meinem Nachttisch verbannt. Und ich hab mir eine Meditationsecke mit Kreuz und Kerze eingerichtet, wo ich am Morgen mit Gott rede.

Das Leben ist voller Herausforderungen und steckt voll von Dingen, die einem die Liebe, den Durchblick und die gute Laune rauben wollen. Deswegen brauche ich die morgendliche Ausrüstung für den Kampf! Ich habe beschlossen, mich von den vielen kleinen Fieslingen nicht unterkriegen zu lassen. Und du? Wie willst du in deinen Tag starten?

Jetzt wird's praktisch!
Zehn Ideen für den besten
Start in den Tag

► Finde eine gute Aufstehroutine. Das bedeutet: Tue morgens immer dasselbe. Zum Beispiel: Wecker schlagen, aufstehen, lüften, im Stehen den Bibelvers des Tages lesen, ins Bad gehen, auf dem Klo beten ... Am besten stehst du auch immer zur selben Uhrzeit auf. So gewöhnt sich der Körper an das zeitige Aufstehen.

► Plane dir morgens genug Zeit ein, damit du nicht in Stress gerätst. Stress macht schlechte Laune!

► Verbanne die „Snooze-Taste" aus deinem Leben. Klar kann man sonntags auch mal im Bett rumlungern. Aber im Alltag klaut dir das Rumliegen im Halbschlaf Zeit und Energie.

► Besorge dir einen echten Wecker und lass dich nicht vom Smartphone wecken. Oder trenne zumindest die Internetverbindung. Dein erster Blick am Morgen sollte nicht auf WhatsApp-Nachrichten oder Spielstände gehen.

► Besorge dir gute christliche Musik. Höre sie im Bad, beim Frühstück, auf dem Schulweg, beim Sport ...

► Schreibe dir, wie ich unten, ein eigenes Aufwachgebet, das du jeden Morgen betest. Oder mache es dir zur Gewohnheit, nach dem Aufwachen Gott kurz zu begrüßen und ihm für den neuen Tag Danke zu sagen.

► Mach dir immer wieder bewusst: Dieser Tag ist ein Geschenk von Gott an dich!

► Pack dir ein Andachtsbuch, eine Bibel oder eine Bibellesehilfe (z. B. „Start in den Tag", (gibt's auch kostenlos als App) auf den Nachttisch. Natürlich kannst du auch abends in der Bibel lesen und deine Zeit mit Gott haben. Aber vielleicht hilft es dir, mit ein paar guten Worten aus der Bibel in den Tag zu starten.

► Lies jeden Tag einen der folgenden Guten-Morgen-Bibelverse und lerne sie auswendig: Psalm 108,2–5; Psalm 143,8; Jesaja 40,4; Klagelieder 3,22–23. Oder auch einen lustigen Aufstehspruch wie auf Seite 11. So hast du immer einen guten Morgengedanken parat.

Ein Aufwach-Lied aus der Bibel

Ein Lied von David.
Gott, mein Herz ist voller Zuversicht,
darum will ich singen und für dich musizieren.
Alles in mir soll darin einstimmen!
Harfe und Zither, wacht auf!
Ich will den neuen Tag mit meinem Lied begrüßen.
Herr, ich will dir danken vor den Völkern,
vor allen Menschen will ich dir singen.
Groß ist deine Güte, sie reicht über den Himmel hinaus!
Und wohin die Wolken auch ziehen: Überall ist deine Treue!
Gott, zeige deine Größe, die den Himmel überragt;
erweise auf der ganzen Welt deine Hoheit und Macht!
Psalm 108,1–6; fa

Das 6-Uhr-Gebet

Dieses Gebet habe ich 2014 in einer Auszeit geschrieben und es ist immer mal wieder mein Aufwachgebet: das Morgengebet von Chris.

Guten Morgen, Jesus!
Danke für den Schlaf in der Nacht.
Danke, dass du nie schläfst.
Ich gebe dir alle schlechten Träume und Gedanken.
Ich gebe dir alle Ängste vor diesem Tag.
Ich gebe dir mein Leben.
Jesus, ich brauch dich heute.
Deine Kraft, deine Hoffnung, deine Vergebung,
deine Liebe für die Menschen,

deinen Mut, dich zu bekennen,
deine Geborgenheit, deine Bewahrung.
Hilf mir, dich, meinen Nächsten und mich zu lieben.
Hilf mir, andere groß zu machen.
Jesus, du bist der Sieger.
Gott, du bist mein verschwenderisch liebender Vater,
egal, was ich tue oder nicht tue.
Dein Friede, deine Freude und dein Heiliger Geist
wirken heute in der Welt und in mir.
Zieh in meine Gedanken ein.
Dein Wille geschehe!
Und wohin ich gehe, dahin kommt nun auch der Herr!
Amen.

▶ Um 1 Uhr lernst du das „Nachtgebet von Chris" kennen …

MIT GOTT IM BADEZIMMER

HIMMLISCHE ANSICHTEN?

Schönheitstrends weltweit

► Während in Deutschland alle gerne gebräunt sein wollen, gilt in Japan: je blasser, desto hübscher. Kosmetische Aufheller verkaufen sich dort genauso gut wie bei uns Bräunungscremes.

► Bei einigen Völkern in Neuseeland und Papua-Neuguinea gilt es bei Männern als hübsch, wenn sie vernarbte Haut haben. Dafür werden extra Muster in die Haut eingeritzt.

► In Brasilien gelten dicke Hintern als sexy. Es gibt dort sogar Fetttransplantationen in den Po.

► In Deutschland galten noch in den 1950er-Jahren Frauen mit etwas Speck an der Hüfte besonders hübsch. Und in den 1920er-Jahren stand man auf flache, kleine Brüste.

Nur in meinem Kopf ...

Erst geh ich pinkeln. Das mach ich jeden Morgen als Erstes im Bad. Warum nur muss Morgenurin so stinken? Seit einiger Zeit geh ich regelmäßiger duschen, man müffelt schon mehr als früher, als Kind. Das warme Wasser tut mir gut und belebt mich. Eigentlich möchte ich diese warme Dusche nie verlassen ... Aber es ist wie immer:

Alles Schöne im Leben hat irgendwann ein Ende. Ich steige aus der Dusche und trockene mich ab. Übrigens immer in der gleichen Reihenfolge. Ob das alle so machen?

Da steh ich nun nackt vorm Spiegel. In meinem Gesicht sehe ich eine Mischung aus Ekel und Skepsis. Ist das wirklich schön, was ich da sehe? Wird das jemals ein weibliches Wesen sexy finden? Ich schaue meinen Genitalbereich an und frage mich, ob Größe und Form richtig sind. Gestern, beim Duschen nach dem Sport, zusammen mit den anderen, musste ich die ganze Zeit vergleichen ... Ich mag meinen Fettring nicht, auch die großen Ohren und die unreine Haut ekeln mich an. Ich bin auf einmal ziemlich verunsichert. Und ganz tief sehne ich mich nach dem einen Satz, danach, dass jemand zu mir sagt: „Du bist wunderbar, so wie du bist!"

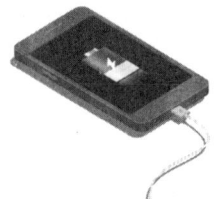

Der 7-Uhr-Bibelvers

Herr, ich danke dir dafür, dass du mich so wunderbar und einzigartig gemacht hast! Großartig ist alles, was du geschaffen hast – das erkenne ich! *Psalm 139,14*

Impuls

Bin ich schön? Diese Frage ist deutlich älter als Bibis Beauty Palace. Bist du schön? Was würdest du auf diese Frage antworten? Ich würde wahrscheinlich einen blöden Spruch machen: „Ich bin nicht nur schön, ich bin der schönste Typ der Welt." Viele würden lachen. Aber eigentlich hätte ich mit diesem Satz nur meine Unsicherheit überspielt. Denn die Frage trifft mich tiefer, als ich zugebe.

Schon als kleines Kind lernen wir, „schön zu lächeln", „dass wir Papas Schönheit sind" oder dass wir halt „komisch aussehen". Im Teenageralter kommt diese Frage dann ganz massiv. Man will besonders schön aussehen, weil man ja bei den Mädels oder den Jungs auffallen möchte. Aber wer definiert eigentlich, was „schön" ist?

In den Facts oben hast du ja gelesen, dass Schönheit eine Frage der Betrachtung ist. Eine Geschmacksfrage sozusagen. Was schön ist, wird immer von der jeweiligen Kultur, der Zeit und den Medien bestimmt. In vielen arabischen Ländern gelten dickere Frauen als attraktiv und in Deutschland sind angeblich nur dünne Frauen hübsch. Aber ich merke, dass mir viele der ultradünnen Topmodels gar nicht gefallen …

Was sagt eigentlich die Bibel zum Thema Schönheit?

Die erste Schönheit, die Gott erfindet, ist die Natur. Ganz am Anfang der Bibel lesen wir, wie Gott alles, was er erschafft, als „gut" bewertet. Man könnte auch sagen: „schön". Nur eine Schöpfung, findet er, hat er sogar „sehr gut", also „sehr schön" gemacht: den Menschen (siehe 1. Mose 1,31). Das sind wichtige News, denn wenn Gott alle Menschen schön gemacht hat, dann steht es mir nicht zu, Menschen in „hübsch" oder „hässlich" einzuteilen. Und auch ich kann nicht nach diesen Kategorien bewertet werden. Denn ich bin sehr gut und sehr schön! Genauso, wie du sehr gut und sehr schön bist!

Im ersten Teil der Bibel, dem Alten Testament, werden dann verschiedene Menschen extra erwähnt und als schön beschrieben: zum Beispiel Rebekka (die Frau Isaaks), Rahel (die Frau Jakobs), Joseph, König David usw. Schönheit scheint eben ein besonderes Geschenk Gottes zu sein.

Im Psalm 139 kannst du die tiefe Wahrheit über *dein* Leben lesen: Du bist von Gott wunderbar erdacht und geschaffen. Was für Mut machende Worte! Also: Lass dir deine Stimmung nicht von irgendwelchen Schönheitsidealen der Werbung vermiesen.

Schönheit kommt von innen

Wenn Gott an deine Schönheit denkt, denkt er jedoch nicht nur an deine äußere Schönheit, sondern auch daran, was dich innerlich schön macht: zum Beispiel dein Mitgefühl mit anderen, deine Hilfsbereitschaft, deine Ehrlichkeit... Ich denke gerade an eine Person, die von allen als so unglaublich hübsch beschrieben wird. Aber ich kenn sie etwas besser und finde, dass sie oft Kälte und Arroganz ausstrahlt. Die Person dreht sich nur um sich selbst und andere sind ihr oft egal. Und ehrlich gesagt: Mich schreckt das ab. Ich finde sie nicht wirklich hübsch. Einige meiner Freunde würden ganz sicher nie in den Kreis der Topmodels kommen. Sie strahlen aber eine Liebe und Hilfsbereitschaft aus – und wirken dadurch auf mich so richtig schön.

Bei Gott zählt die innere Schönheit viel mehr als ein schöner Körper. Denn wenn ein Mensch nicht von innen Schönheit ausstrahlt, wirkt er hässlich, auch wenn er ein schönes Gesicht oder schöne Beine hat.

Also konzentriere dich lieber zuerst auf deine innere Schönheit, und versuche, deinem Äußeren nicht zu viel Aufmerksamkeit zu schenken. In der Bibel gibt es übrigens einen „Beauty-Tipp", der dir hilft, innerlich schön zu werden, und der lautet: Lass den Geist Gottes an dich ran – als deinen himmlischen „Beauty-Styler". Er sorgt dafür, dass deine innere Schönheit immer mehr durch dich hindurchscheint:

*Der Geist Gottes (...) lässt als Frucht eine Fülle von Gutem
wachsen, nämlich: Liebe, Freude und Frieden, Geduld,
Freundlichkeit und Güte, Treue, Bescheidenheit und
Selbstbeherrschung.*
Galater 5,22–23

Menschen mit diesen Eigenschaften finde ich richtig schön.
Ich will einer von ihnen sein – jemand, der liebevoll, freundlich
und geduldig ist, zuverlässig, ehrlich, selbstbeherrscht und
der Freude ausstrahlt ... Und du?

Jetzt wird's praktisch!

Okay, wir machen jetzt ein sehr komisches,
ungewöhnliches, abgefahrenes Experiment.
Bist du mutig?

Du brauchst:
Stift, Zettel, ein abschließbares Bad, einen Ganzkörper-Spiegel

Und so geht's:
1. Bad abschließen und dich nackt ausziehen (das ist mein
   Ernst! ;-)) Und einen Zettel und Stift mitnehmen.
2. Stell dich vor den Spiegel und schau dich einige Sekunden
   an.
3. Überlege, was du an deinem Körper schön findest.
   Schreibe es auf und dann danke Gott dafür. Denke dabei
   auch an Sachen, die du an dir als „normal" empfindest.
   Und wenn du noch mutiger bist, dann danke Gott laut
   dafür. „Danke, Gott, für meine Füße, die sind wirklich gut
   gemacht. Danke, Gott, für ..."

④ Nun schau wieder deinen Körper an und schreib auf die rechte Hälfte des Blatts das, was du an dir nicht so schön findest. (Sei aber nicht zu kritisch mit dir.)

⑤ Besprich mit Gott deine „Mängel-Liste". Bitte ihn, dir zu helfen, diese Sachen besser anzunehmen.

⑥ Streiche nun alle Sachen von deiner „Negativliste", die man nicht (ohne große OP) verändern kann. Zum Beispiel: „Zu große Ohren", „zu kurze Finger" oder „zu kleine Brüste" kannst du schon mal streichen. „Fettpölsterchen an der Hüfte" oder „zu viele Haare an den Beinen" hingegen kannst du stehen lassen, denn da kann man leichter etwas verändern. Aber frage dich ehrlich, welche Veränderung wirklich gut und sinnvoll ist. Hast du zum Beispiel wirklich ein paar Kilo zu viel – oder denkst du nur, dass du zu dicke Beine hast? Eine unabhängige Meinung einer Vertrauensperson kann hier helfen.

⑦ Nun suche dir eine Sache aus, die du wirklich an dir verändern willst. Vielleicht wünschst du dir eine andere Frisur? Oder du möchtest mehr Sport machen, um den überflüssigen Bauchspeck loszuwerden? Nimm dir vor, jemandem von deinem Vorhaben zu erzählen, und lass dich dann von ihr motivieren.

⑧ Zum Schluss danke Gott noch mal dafür, dass er dich schön gemacht hat – auch das, was du als „nicht so schön" bezeichnest.

⑨ Denke darüber nach, was dich innerlich schön macht. Und lade Gottes Geist ein, dich als deinen himmlischen Beauty-Trainer zu begleiten und deine innere Schönheit immer mehr strahlen zu lassen.

Eine biblische Geschichte voller Schönheit

Du machst mich total an, meine Freundin!

Im Hohelied der Bibel, einer Sammlung von zärtlichen, sehr poetischen und teilweise auch erotischen Liebesliedern, geht es um das Suchen und Sehnen zweier Liebender. Eine kleine Kostprobe gefällig?

Schön wie Tirza bist du, Freundin, strahlend wie Jerusalem;
wie ein Trugbild in der Wüste raubt dein Anblick mir den Atem.
Wende deine Augen von mir, denn sie halten mich gefangen.
Wie die Herde schwarzer Ziegen talwärts vom Berg Gilead zieht,
fließt das Haar auf deine Schultern.
Deine Zähne glänzen prächtig. Weiß sind sie wie Mutterschafe, wenn sie aus der Schwemme steigen; jedes kommt mit seinem Jungen, keins ist unfruchtbar geblieben: Keiner fehlt in seiner Reihe.
Deine Wangen hinterm Schleier schimmern rötlich wie die Scheibe eines Apfels vom Granatbaum.
Hohelied 6,4–7; GN

➜ In der Übertragung der Volx-Bibel klingt das dann so:
Er: „Du siehst so megageil aus, meine Traumfrau!
Du bist so schön wie Venedig, du bist so sexy wie Paris! Du hast mich eingenommen, genauso, wie eine große Armee ein Land einnimmt.
Bitte sieh mich nicht so an, sonst dreh ich noch durch.
Deine Frisur ist total genial, sie steht dir voll gut.
Dein Mund macht mich total an, sogar deine Zähne sind perfekt angeordnet.

Unter der Mütze, die du tief ins Gesicht gezogen hast, kann ich deine wunderschönen Wangen sehen! Sie sehen aus wie eine Nektarine, zum Anbeißen lecker."

Das 7-Uhr-Gebet

Lobe Gott heut mal für alle Schönheit, die er gemacht hat:

⬆ Was in der Natur hast du zuletzt bewundert?
⬆ Wo und wann hat dich die Schönheit eines Menschen tief berührt?
⬆ Was findest du an dir selbst schön?

Bei mir würde das heute so klingen:
Gott, ich lobe dich für den blühenden Kirschbaum, an dem ich eben vorbeigeradelt bin. Diese Blütenpracht hast du wunderbar gemacht!
Gott, ich lobe dich für die Schönheit meiner Freundin. Ihr Lächeln berührt mein Herz und ihr Körper verzaubert mich. Danke, dass du so genial bist!
Gott, ich lobe dich für meinen Bart. Den mag ich voll gerne. Du hast dir eine coole Farbe rausgesucht, und mit ihm fühle ich mich männlicher. Danke, Gott!

JESUS TO GO

MIT GOTT AUF DEM WEG ZUR SCHULE

Drei Aussagen, die nicht immer so stimmen

- „Draußen ist es gefährlich" (Spruch von deiner Muddar): FALSCH! Fast 95 Prozent der Menschen sterben in einem Haus.
- „Dieser Weg wird steinig und schwer" (Xavier Naidoo): FALSCH! In Deutschland gibt es 650 000 Kilometer befestigte Straßen.
- „Der Weg ist das Ziel" (Konfuzius): FALSCH! Sag das mal deinem Sportlehrer nach dem 400-Meter-Lauf auf Zeit.

Nur in meinem Kopf...

Dem Abschiedskuss meiner Mutter konnte ich gerade noch entgehen. Ich höre die Haustür hinter mir ins Schloss fallen. Sofort melden sich diese zwei Stimmen in mir.

Auf der einen Schulter sitzt ein Engel und sagt: „Oh, wie gut, dass du deiner nervigen Schwester und deinen motzenden Eltern entkommen bist. Freiheit!!!"

Und gleich darauf meldet sich ein dicker roter Typ mit üblem Sonnenbrand und Hörnern von meiner anderen Schulter: „Aber jetzt bist du ganz allein da draußen. Auf dem Weg zum Bus wartet der Hund von Schmidts, an der Bushaltestelle der fiese Carlo, im Bus neue Peinlichkeiten über ..."

„Ruhe!", brüllt der kleine Engel und wendet sich mir zu. „Hör nicht auf ihn", flüstert er mir leise ins Ohr. „Da draußen wartet das pralle Leben auf dich. Ja, eine Menge Herausforderungen, aber auch viel Gutes und Schönes. Deine Freundin Marie zum Beispiel."

„Aber du bist ganz alleine, du bist ganz alleine", raunt mir der Rote zu.

„Stimmt gar nicht, Gott ist bei ihm!", kontert der Engel.

„Ja, ja, von wegen! Den sieht man ja gar nicht!"

„Doch! Und das Mädel kann so viel Hoffnung und Liebe in die Welt tragen."

„Sie trägt vor allem Parfümgeruch und alberne Sprüche in die Welt."

„Nein, sie ..."

Und während die beiden sich noch anschreien, laufe ich los, in Richtung Haltestelle, und höre schon den Hund von Schmidts bellen. Und in meiner Playlist läuft Xavier Naidoo: „Dieser Weg wird kein leichter sein ..."

Der 8-Uhr-Bibelvers

Sei mutig und entschlossen! Lass dich nicht einschüchtern und hab keine Angst! Denn ich, der Herr, dein Gott, stehe dir bei, wohin du auch gehst.
Josua 1,9

Impuls

Ich laufe! Und das schon seit Stunden. Besser gesagt, seit Tagen. Jeden Tag das gleiche Ritual: aufstehen. Packen. Einen kleinen Snack essen. Loslaufen.

Die Sonne brennt. Mein linker Knöchel schmerzt. Und mein Rucksack wird immer schwerer. Die meiste Zeit laufe ich alleine. Und meine Gedanken, die gehen echt komische Wege. Ich hänge Tagträumen nach (wie ich Bundespräsident werde …) und bin immer wieder im Gespräch – ich rede mit dem Einen, der mir in meinem Leben so wichtig ist. Hier, auf dem Jakobsweg, soll man ihm begegnen können. Bis jetzt bin ich mir da noch nicht so ganz sicher. Denn auf diese eine Lebensfrage habe ich noch keine Antwort gefunden. Es geht um meine Zukunft. Verschiedene Ideen und Fragen kreisen in meinem Kopf. Ich laufe weiter. Heute treffe ich eine junge Frau: Anne aus Deutschland. Wir kommen ins Gespräch. Nach zwanzig Minuten Reden verabschiedet sie sich. Aber in diesen wenigen Minuten hat sie mir klipp und klar ihre Meinung zu meinem aktuellen Job gesagt. Sie hat nicht viel gefragt, sondern einfach so ihre Meinung rausgehauen: dass sie findet, ich solle einen neuen Weg einschlagen und meinen alten Job aufgeben. Und tief in mir spüre ich, wie diese Worte mich berühren. Später werde ich sagen: In Anne war Gott ein Stück mit mir auf dem Weg. Nach diesem Gespräch wusste ich, dass diese Frau genau das ausgesprochen hat, was ich mich noch nicht getraut hatte zu wagen. Ihre Ansage war der letzte „Popotritt", den ich brauchte, um die Richtung zu ändern. Danach hatte ich Frieden in mir.

Wenn man in der Bibel nach „Weg" oder „unterwegs" sucht, findet man erstaunlich viele Geschichten.

Das Volk Israel, um das es im ersten Teil der Bibel geht, erlebte Gott immer wieder auf seinen großen Wanderungen.

Jesus war ein *Wanderprediger*. Viele seiner Wunder passierten, als er von einem Ort zum anderen unterwegs war. Später machten sich seine Jünger und andere Menschen, die an Jesus glaubten, auf den Weg, um die Frohe Botschaft von Gott zu verbreiten. (Das kannst du in der Apostelgeschichte der Bibel nachlesen.)

Gott begegnet Menschen scheinbar besonders oft dann, wenn sie unterwegs sind. Das kann ich voll bestätigen. Vor ein paar Monaten traf ich an einem Bahnhof irgendwo in Deutschland zufällig einen jungen Mann – meinen Mentee. Ich besuche ihn zwei- bis dreimal im Jahr, um mit ihm über sein Leben zu reden. An genau diesem Tag, als ich ihn traf, ging es ihm echt schlecht. Wir hatten eine Stunde Zugfahrt gemeinsam, sprachen über seine Sorgen und er stieg ermutigt wieder aus. Gott sei Dank!, kann ich da nur sagen.

Warum ist das so, dass der Weg oft ein besonderer Ort der Begegnung mit Gott ist? Hier mal drei gewagte Thesen:

„Sich auf den Weg machen ist der Jesus-Style."
Jesus war nicht nur ein Wanderprediger. Er hat sich schon vor seiner Geburt auf einen seeeeehr weiten Weg gemacht: Von einem heiligen und sympathischen Ort bei Gott machte er sich auf, um in eine ziemlich unbequeme Welt abzusteigen. Den Jesus-Style zu leben bedeutet, rauszugehen und Menschen zu treffen – nicht, rumzusitzen und sich zu wundern, warum nichts passiert.

„Wer unterwegs ist, der sieht andere Menschen."
Auf dem Weg begegne ich anderen Menschen. (Gut, wenn ich in Brandenburg bin, stimmt das vielleicht nicht immer. 😊)

Ich begegne Menschen, die es nicht gut mit mir meinen, aber auch vielen Menschen, die nett zu mir sind. Egal, wen ich unterwegs treffe: Sowohl gute als auch doofe Begegnungen helfen mir, auf Gott zu schauen. Die Bösen treiben mich ins Gebet („Gott, hilf mir!" oder „Gott, vergib mir, dass ich ihn verprügelt habe!" 😄), und in den Guten kann ich – wie in der Begegnung mit Anne – Gottes Handeln in meinem Leben erkennen, sein Reden zu mir hören, seine Liebe erleben oder seine Nähe spüren.

„Wer unterwegs ist, musste etwas hinter sich lassen."
Tolle Lebensweisheit, oder!? ;-) Aber mal im Ernst: Genau das ist der Schlüssel zu einem Leben, das echt ist, Sinn hat – und spannend und voller Abenteuer ist.

Damit ich im Leben weiterkomme, mich entwickeln kann, sich Dinge zum Guten verändern, muss ich anderes aufgeben. Loslassen. Verlassen. Irgendwann solltest du deine Eltern verlassen, um ein eigenes Leben zu führen. Vielleicht musst du eine schlechte Angewohnheit oder eine Sucht loslassen, um neu durchzustarten. Oder du erkennst, dass du dein Ego, deine Menschenfurcht oder deine Faulheit hinter dir lassen solltest. Vielleicht hast du ja auch den Eindruck, dass es dran ist, mal etwas ganz Neues zu wagen. Aus der Komfortzone rauszukommen. Außerhalb der bequemen „Kuschelzone" triffst du Gott ziemlich sicher.

Die Frage lautet jetzt also: Traust du dich, loszugehen? Jesus hat Bock, mit dir unterwegs zu sein. Er hat Bock drauf, sich dir zu zeigen!

Oft geht es mir wie den beiden Jungs in der Bibelstory auf Seite 33 f: Ich check es nicht, dass Gott bereits da ist, dass er schon neben mir herläuft. Vielleicht, weil ich Kopfhörer aufhabe, aufs Handydisplay starre oder auf die Pflastersteine unter mir. Dann nehme ich die Menschen um mich herum gar nicht richtig wahr. Aber wenn ich die Augen aufmache, meine Ohren und mein Herz auf „Empfang" stelle, dann kann ich Gott in der Schönheit der Natur entdecken, ihn durch die Worte eines Menschen hören oder ihn mitten in der Stille eines Waldes erleben.

Also, probiere es mal aus, für Gott auf „Empfang" zu sein, wenn du unterwegs bist – zur Schule, zur Eisdiele oder sonst wohin. Sei gespannt auf das, was dir begegnen wird. Und vielleicht bist du jetzt auch inspiriert, mal darüber nachzudenken, was du auf deinem Lebensweg hinter dir lassen willst ...

Jetzt wird's praktisch!
Sechs gute und aufbauende Dinge,
die du unterwegs tun kannst

► Grüße eine Person, die dir begegnet, und lächle sie an. Du wirst staunen, wie leicht das ist.
► Hole dir anstatt Kollegah mal aufmunternde Sachen in deine Playlist. Johannes Falk, Hillsong, die Outbreak-Band und andere christliche Musiker und Bands heben die Laune und das Selbstwertgefühl!
► Achte mal bewusst auf die Natur, die Umgebung um dich herum. Schau mal aus dem Bus raus und nicht immer nur auf dein Smartphone.
► Überlege, wer heute eine WhatsApp-Nachricht als Aufmunterung gebrauchen könnte. Frag nach, wie es ihm/ihr geht, oder wünsche jemandem „Gottes Segen"! Werde für andere ein Wegbegleiter! Ein Lebenswegbegleiter.

▶ Nimm dir vor, auf dem Weg heute eine gute Tat zu tun. Lasse jemanden vor. Halte jemandem die Tür auf. Gib deiner Freundin den halben Schokoriegel. Heb das Papier auf, das sie danach fallen lässt. Sag was Nettes zu jemandem. Lächle.

▶ Lies ein paar Zeilen in deiner Bibel-App oder sprich leise ein Gebet – nutze so die Weg- und Wartezeiten. Das ist viel besser, als dich aufzuregen oder zu langweilen! 😄

Eine „Auf dem Weg"-Geschichte aus der Bibel

Zwei Jünger von Jesus unterwegs nach Emmaus

Kurz nachdem Jesus hingerichtet worden war, geschah Folgendes:

Am selben Tag gingen zwei, die zu den Jüngern von Jesus gehört hatten, nach dem Dorf Emmaus, das zwölf Kilometer von Jerusalem entfernt lag.

Unterwegs unterhielten sie sich über alles, was geschehen war.

Als sie so miteinander sprachen und alles hin und her überlegten, kam Jesus selbst hinzu und ging mit ihnen. Aber sie erkannten ihn nicht; sie waren wie mit Blindheit geschlagen.

Jesus fragte sie: „Worüber redet ihr denn so erregt unterwegs?"

Da blieben sie stehen und blickten ganz traurig drein, und der eine – er hieß Kleopas – sagte: „Du bist wohl der Einzige in Jerusalem, der nicht weiß, was dort in diesen Tagen geschehen ist?"

„Was denn?", fragte Jesus.

„Das mit Jesus von Nazaret", sagten sie. „Er war ein Prophet; in Worten und Taten hat er vor Gott und dem ganzen Volk seine Macht erwiesen.

Unsere führenden Priester und die anderen Ratsmitglieder haben ihn zum Tod verurteilt und ihn ans Kreuz nageln lassen." (...)

Da sagte Jesus zu ihnen: „Was seid ihr doch schwer von Begriff! Warum rafft ihr euch nicht endlich auf zu glauben, was die Propheten gesagt haben? Musste der versprochene Retter nicht dies alles erleiden und auf diesem Weg zu seiner Herrschaft gelangen?"

Und Jesus erklärte ihnen die Worte, die sich auf ihn bezogen, von den Büchern Moses und der Propheten angefangen durch die ganzen Heiligen Schriften.

Inzwischen waren sie in die Nähe von Emmaus gekommen. Jesus tat so, als wollte er weitergehen. Aber sie ließen es nicht zu und sagten: „Bleib doch bei uns! Es geht schon auf den Abend zu, gleich wird es dunkel!"

Da folgte er ihrer Einladung und blieb bei ihnen.

Als er dann mit ihnen zu Tisch saß, nahm er das Brot, sprach das Segensgebet darüber, brach es in Stücke und gab es ihnen.

Da gingen ihnen die Augen auf und sie erkannten ihn. Aber im selben Augenblick verschwand er vor ihnen.

Sie sagten zueinander: „Brannte es nicht wie ein Feuer in unserem Herzen, als er unterwegs mit uns sprach und uns den Sinn der Heiligen Schriften aufschloss?"
Lukas 24,13–32; GN, leicht gekürzt

Der 8-Uhr-Segen

Möge Gott auf dem Weg,
den du vor dir hast, vor dir hergehen.
Das ist mein Wunsch für deine Lebensreise.
Mögest du die hellen Fußstapfen des Glücks
finden
und ihnen auf dem ganzen Weg folgen.

Möge die Straße dir entgegeneilen.
Möge der Wind immer in deinem Rücken sein.
Möge die Sonne warm auf dein Gesicht scheinen
und der Regen sanft auf deine Felder fallen.
Und bis wir uns wiedersehen,
halte Gott dich im Frieden seiner Hand.

Möge dein Weg dir freundlich entgegenkommen,
möge der Wind dir den Rücken stärken.
Möge die Sonne dein Gesicht erhellen
und der Regen um dich her die Felder tränken.
Und bis wir beide, du und ich, uns wiedersehen,
möge Gott dich schützend in seiner Hand halten.

Irischer Reisesegen

HIMMLISCHES SURVIVAL-TRAINING

MIT JESUS IM KLASSENZIMMER

Achtung, Witz!

Was ist der Unterschied zwischen Lehrern und Gott?
Gott weiß alles, Lehrer wissen alles besser!

Sagt der Lehrer: „Wenn die Herrschaften in der dritten Reihe etwas leiser sein würden so wie die Comicleser in der mittleren Reihe, dann könnten die Schüler in der ersten Reihe ungestört weiterschlafen!"

„Ich will nicht in die Schule!"
„Aber du musst in die Schule!"
„Die Schüler mögen mich nicht, die Lehrer hassen mich, der Hausmeister kann mich nicht leiden, und der Busfahrer kann mich nicht ausstehen."
„Jetzt reiß dich bitte zusammen: Du bist jetzt 45 Jahre alt und der Direktor – du musst in die Schule!"

Nur in meinem Kopf ...

Was ist ein Glücksbringer? Wir sollen zur Klausur einen Glücksbringer mitbringen. Eine bescheuerte Idee unserer Lehrerin. Grübelnd gehe ich durch mein Zimmer. Schaue auf mein Kuscheltier im Bett. Das geht in meinem Alter ja mal gar nicht. Der Lavastein aus Island von meiner Tante? Das wäre zumindest nicht peinlich! Sind Schweine nicht Glücksbringer? Oder eher vierblättrige Klee-blätter? Ich denke grad an einen Jugendgruppenabend in der Kirche. Da ging es um einen Bibelvers, in dem so sinngemäß steht, dass man dann „glücklich ist, wenn man nah bei Gott ist".

Ich lasse mich rückwärts auf mein Bett plumpsen und schaue an die Decke. Soll ich etwa Gott mitnehmen? Mein Kreuz, das ich zur Konfi bekommen habe? Oder sogar meine Bibel? Immerhin könnte ich in die Bibel Spicker reinstecken ... Nun ja, Gott wird das vermutlich nicht so gut finden. Eigent-lich fände ich Kreuz oder Bibel eine gute Idee. Das wär mal was anderes, was keiner hat. Aber ich kann sie jetzt schon hören: Kim und Charlotte.

„Ne Bibel. Pfff! Die lese ich nur, wenn ich Einschlafprobleme habe."

„Hey, Laura, du glaubst doch nicht etwa an solche Mär-chen!?"

Und weil ich ein Schisser bin, packe ich den Lavastein in meinen Rucksack.

Der 9-Uhr-Bibelvers

Sie wurden alle mit dem Heiligen Geist erfüllt und verkündeten furchtlos Gottes Botschaft.

Apostelgeschichte 4,31

Impuls

Auf was für eine Art von Schule gehst du? Aufs Gymnasium? Auf eine Mittel-, Gesamt- oder Realschule? Eine Ganztagsschule? Eine christliche Schule? Hast du fast nur Nichtchristen in deiner Klasse – oder sind viele Christen darunter? Nun, auf jeden Fall ist die Schule ein Ort, an dem Leute in deinem Alter viel Zeit verbringen. Und die 9-Uhr-Frage lautet: Hat Jesus, hat dein Glaube etwas mit deiner Zeit in der Schule zu tun? Bist du nur dort, um Wissen anzuhäufen, deine Zeit abzusitzen oder Quatsch zu machen? Erfahrungsgemäß ist die Schule ein Ort, an dem wir unseren Glauben lieber verstecken. Das kann ich gut verstehen.

Für mich war Schule ab dem Gymnasium kein schöner Ort. Durch die Grundschulzeit bin ich als Streber, Klassensprecher und Sohn des Konrektors noch ganz gut durchgekommen. Dort trat ich auch noch selbstbewusst als Christ auf und erklärte, dass ich jeden Abend betete. Der Wechsel aufs Gymnasium war für mich hart. Meine Noten waren nur noch Durchschnitt – und ich bekam meine erste Fünf. Meine Beliebtheit reichte nicht mehr zum Klassensprecher. Aber noch war mein Selbstbewusstsein als Christ recht hoch. Das „Bibel-als-Glücksbringer"-Beispiel klingt abgefahren, habe ich aber wirklich so gemacht.

Über die Sache mit dem Spicker schweige ich mal lieber ... 😊
Im Reli-Unterricht war ich wieder der Streber. Aber so ab der
7. Klasse ließ ich meine „Glücksbibel" zu Hause und versuchte
nicht mehr, als Christ aufzufallen. Keinen meiner Klassenkameraden habe ich je zu einer christlichen Freizeit eingeladen. Ich
wusste ja selbst nicht so ganz genau, was ich glaubte und was
nur übernommener Glaube meiner Eltern war. Ich war nicht
mehr hundertprozentig überzeugt vom „Produkt" Glauben.
(Wieso ich den Glauben ein „Produkt" nenne, erfährst du weiter unten.) Aber ein bisschen bin ich als Christ doch aufgefallen: Schon damals hab ich bei manchen Mobbingaktionen nicht
mitgemacht und fiel durch meinen hohen Gerechtigkeitssinn
auf.

Wie ist das denn nun mit dem Christsein? Muss das überhaupt nach außen gelebt werden – oder ist das nicht eher ein
Ding zwischen Gott und mir persönlich?

Nun, ich denke, dass es Gott nicht so super findet, wenn wir
„U-Boot-Christen" sind, also mit unserem Glauben „abtau-
chen", sobald Nichtchristen um uns herum sind. Die Bibel
ist da ziemlich deutlich. Jesus ist da ziemlich deutlich: Dein
Glaube und Gottes Liebe sollen durch dich nach außen wirken.
Und zwar in zwei Dimensionen: mit Worten und mit Taten.

Ich möchte den Glauben mal mit den Produkten von Apple
vergleichen. Ja, ja, natürlich hinkt das Beispiel, und ich persönlich bin auch kein Apple-User. Aber ich glaube, das Bild hilft ein
Stückchen:

→ **Challenge 1: Steh dazu, dass du Apple-User/Christ bist.**

Ehrlich gesagt, kenne ich keinen Apple-User, der damit ein
Problem hat. Selbstbewusst werden iPhones, iWatches,
iPads, iMacs ... präsentiert. Den angebissenen Apfel sieht man

häufiger als das Kreuz. Apple-User sind einfach von ihrem Produkt überzeugt. Und ich glaube, das ist oft ein Problem bei uns Christen. Wir sind uns nicht so ganz sicher, ob unser Glaube auch außerhalb der Gemeinde, der Jugendgruppe wichtig/gut/überzeugend ist. Für die ersten Christen war das keine Frage, dass sie zu ihrem Glauben stehen, auch wenn sie dafür ausgepeitscht oder verfolgt werden konnten. Denn sie hatten etwas mit Jesus erlebt, und sie waren angetrieben von dem Wunsch, dass andere diesen Jesus, seine Liebe und seine Vergebung auch erleben.

Wenn ich als Christ lebe, dann darf ich trotzdem Zweifel haben. Ich muss nicht alles an Gott verstehen und erklären können. Ich darf sagen: „Ich glaube daran. Ich habe etwas mit Gott erlebt." Ich muss keinen mit der Keule missionieren (so was kommt nie gut an), sondern darf bei mir selbst bleiben: „*Ich* glaube ..., *ich* habe erlebt ..., *mir* hat Gott geholfen ..." (Ideen, wie du nach außen zeigen kannst, dass du Christ bist, findest du auf Seite 43 f.)

➜ **Challenge 2: Erkläre den anderen, warum dein iPhone/dein Glaube so gut ist.**

Ich dachte lange Zeit, Christen wären aufdringlich und missionarisch mit ihrem Glauben. Aber mittlerweile finde ich die Apple-User da deutlich krasser. Niemand zwingt sie, die Vorteile ihrer Produkte zu erklären. Sie tun es einfach. Begeistert erzählen sie dir etwas über die Vorzüge des i-Phones oder ihres i-Macs und schwärmen davon, wie toll es zu bedienen ist und wie es ihnen im Alltag schon geholfen hat. Sie zeigen dir Vergleichstests und wissenschaftliche Studien. Manchmal wollen sie dir auch erklären, dass der Preis für ein Apple-Produkt gar nicht sooo teuer ist.

Wir Christen können da einiges von Apple-Fans lernen. Wir sollten anderen nicht unseren Glauben aufs Auge drücken wollen – natürlich nicht –, aber wir können erzählen, wie der Glaube uns hilft oder wie er anderen geholfen hat. Wir können erklären, was uns an Jesus besser gefällt als an Buddha. Wir können sogar auf wissenschaftliche Studien hinweisen, die den hohen Wahrheitsgehalt der Bibel bezeugen, und anerkannte Wissenschaftler zitieren, die an Gott und das Übernatürliche glauben. Wir könnten andere in unsere Gemeinde mitnehmen und ihnen erklären, dass man hier nicht sein ganzes Geld spenden muss und dass man auch als Christ sehr viel Spaß haben kann. Und noch mal: Nein, wir sollten nicht aufdringlich sein. Aber wenn ich etwas in meinem Leben als hilfreich (und im Fall des Glaubens sogar als lebensrettend) empfinde, dann will ich doch, dass meine Freunde das auch kennenlernen und „nutzen". Wenn die Leute bei ihrem Samsung-Handy oder ihrem Atheismus bleiben wollen, dann ist das ihre Entscheidung, die ich akzeptiere. Ich zwinge niemanden, aber ich will gerne dafür werben, was mich begeistert, was ich für lebenswichtig halte. Und der Glaube ist lebenswichtig, wenn es um die Ewigkeit geht: laut vieler Bibelstellen gibt es ein ewiges Leben bei Gott nur für die, die an ihn glauben.

→ **Challenge 3: Verhalte dich so, dass Leute merken, wie Apple/Gott dein Leben positiv verändert.**

Ich muss zugeben: Hier kommt das Apple-Bild etwas an seine Grenze. Apple-User empfinde ich manchmal als etwas überheblich und angeberisch. (Ich freu mich schon auf die E-Mails und Hass-Kommentare, die ich bekomme werde. 😄) Angeberei und Großkotzigkeit motiviert mich nicht gerade, einer von ihnen zu werden. Wenn alle Apple-User, die ich kenne, so richtig hilfsbereit wären, Freude ausstrahlen würden, sich entschuldigen könnten, gastfreundlich wären ..., dann würde mich ihr Produkt auch deutlich mehr interessieren. Wenn ich mitkriegen würde, dass sie bei Drogen, schnellem Sex ohne Liebe und Sauferei nicht mitmachen, weil sie so eine Zufriedenheit ausstrahlen, dann fände ich das echt attraktiv.

Du merkst sicher, worauf ich hinauswill. Nein, du musst als Christ nicht perfekt sein. Aber dein Leben predigt lauter als deine Worte. Ein Pfarrer, der dauernd hinterm Rücken über die Leute lästert, kann noch so viel von Nächstenliebe predigen – es wird ihm niemand glauben. Du kannst noch so oft behaupten, Christ zu sein – wenn du nicht wenigstens versuchst, so zu leben, werden die anderen dich einen „Scheinheiligen" nennen.

Ich finde es toll, dass die Kirchen bei Nichtchristen oft noch dafür bekannt sind, dass sie Menschen am Rande der Gesellschaft helfen. Die Diakonie und andere christliche Werke sowie christliche Initiativen kämpfen gegen Armut, Ungleichheit, Diskriminierung. Es ist gut, dass wir Christen dafür bekannt sind, dass wir gegen all das etwas tun.

Wofür bist du (in deiner Klasse, deinem Freundeskreis ...) bekannt? Teilst du mit anderen dein Pausenbrot – oder deine Gummibärchen? Lachst du nicht mit, wenn Witze über das Mobbingopfer gemacht werden? Interessierst du dich im Gespräch ehrlich für den anderen und hörst ihm zu? Stehst du für Schwächere ein? Das alles solltest du natürlich nicht tun, nur weil du als Christ ein gutes Bild abgeben willst, sondern weil es ein Ausdruck der Liebe Gottes für die Menschen ist.

Jesus hat mit dir an deiner Schule, in deiner Klasse, in deinem Freundeskreis, ja, auch in deiner Familie etwas vor. Er möchte durch dich hindurchleuchten, damit die Welt um dich herum ein Stückchen heller wird!

Jetzt wird's praktisch!
Zehn Ideen, wie du in der Schule bewusst als Christ leben kannst

▶ Alle Aktionen bringen wenig, wenn du das nur aus einer Pflicht oder ohne Überzeugung tust. *Du bist ein Botschafter von Jesus und seiner Liebe. Tue die Dinge aus Liebe zu den Menschen.*

▶ Bete für deine Schule, deine Lehrer, deine Feinde in der Schule, die Ausgegrenzten, deine engsten Freunde. (Siehe auch 9-Uhr-Gebet, Seite 45.)

▶ Connecte dich mit anderen Christen an deiner Schule. Das kann ein Kumpel/eine Freundin sein, mit dem du zusammen dieses Kapitel liest und überlegst, was man tun kann. Oder informiere dich, ob ihr an eurer Schule einen Schülerbibelkreis (SBK) gründen könnt. Mehr Infos gibt es bei der Schüler-SMD, wo es eine SBK-Starthilfe gibt: → www.smd.org/schueler-smd

▶ Nutze Facharbeiten, Buchvorstellungen oder Referate, um christliche Themen wie Toleranz, Nächstenliebe usw. einzubringen und berühmte Persönlichkeiten vorzustellen, die auch Christen waren.

▶ Mit welchen Symbolen kannst du klar zeigen, dass du Christ bist? Vielleicht mit einer Kreuzkette, einem Armband eines christlichen Festivals oder mit einem Jesus-Spruch? Mit einem coolen T-Shirt oder einem Button, mit einem Bibelvers als Status?

▶ Bete in der Schule. Auch hier bietet die Schüler-SMD ein spannendes Konzept: „Prayer Rooms". Oder suche dir etwas, das dich immer wieder ans Gebet für deine Schule erinnert: das Klingeln zur großen Pause, eine Plakatwand oder einen anderen Gegenstand in der Schule, an dem du immer wieder vorbeiläufst. Gebet verändert dich und deine Schule!

► Überlege mit anderen Christen oder deinem Jugendleiter in der Gemeinde, welche Aktion man in der Schule als Christen mal machen könnte: Kuchenbasar für ein (christliches) Hilfsprojekt, ein Hofkonzert mit „Good Weather Forecast" (http://www.shine-deutschland.de), einen Schuljahresanfangs- oder Abschlussgottesdienst mitgestalten ...

► Überlege, welcher Person an deiner Schule, die nicht sehr beliebt ist, du bewusst etwas Gutes tun kannst. Bedanke dich bei ihr, teile Kekse mit ihr, unterstütze sie bei Hausaufgaben ...

► Sei gastfreundlich. Bringe mal Süßes für deine Klasse mit, lade Leute (auch unbeliebtere) zu dir nach Hause ein.

► Wenn Leute dich nach deinem Glauben fragen, sei mutig und klar in deinen Aussagen. Lade deine Freunde mutig zu einer christlichen Veranstaltung oder einer Gemeindefreizeit ein.

Eine „Hey wir sind Christen!"- Story aus der Bibel
Lydia hört das erste Mal von Jesus

Der Apostel Lukas schreibt in der Apostelgeschichte von seinen Missionsreisen; im Kapitel 16 auch davon, wie er nach Mazedonien kam. Nach der Begegnung mit einer Frau namens Lydia steht fest: Sie ist die Erste in Europa, die zum christlichen Glauben gefunden hat.

Wir gingen in Troas an Bord eines Schiffes und segelten auf dem kürzesten Weg zur Insel Samothrake, am nächsten Tag weiter nach Neapolis, und von dort begaben wir uns landeinwärts nach Philippi, der bedeutendsten römischen Kolonie in diesem Teil der Provinz Mazedonien. Hier blieben wir einige Tage. Am Sabbat gingen wir hinaus aus der Stadt und kamen an das Flussufer, wo sich – wie wir annahmen – eine kleine jüdische Gemeinde zum Gebet versammelte. Wir setzten uns und sprachen mit den Frauen, die sich dort eingefunden hatten. Zu ihnen gehörte Lydia, die an den Gott Israels glaubte [also Jüdin war]. Sie stammte aus Thyatira und handelte mit Purpurstoffen. Während sie aufmerksam zuhörte, ließ der Herr sie erkennen, dass Paulus die Wahrheit verkündete. Mit allen, die in ihrem Haus lebten, ließ sie sich taufen. Danach forderte sie uns auf: „Wenn ihr davon überzeugt seid, dass ich an den Herrn glaube, dann kommt in mein Haus und bleibt als meine Gäste." Sie gab nicht eher Ruhe, bis wir einwilligten.

Apostelgeschichte 16,11–15

Das 9-Uhr-Gebet

Vieles, was wir ausstrahlen, kommt aus unserem Gebet. Hier ein paar Ideen, wie du für andere beten kannst:

▶ Gott, ich danke dir für meinen besten Freund/beste Freundin _____ in der Schule. Danke, dass sie/er ...

▶ Gott, hilf mir, mutiger zu meiner Meinung und meinem Glauben zu stehen. Nimm mir die Angst davor, was die anderen wohl denken.

▶ Gott, die Lehrerin/der Lehrer Frau/Herr _____ nervt mich sehr und ich kann sie/ihn nicht leiden. Ich bitte dich, dass du sie/ihn segnest und mit deiner Liebe begegnest. Und bitte vergib mir meine schlechten Gedanken und schenk mir Respekt für Frau/Herrn _____.

▶ Gott, die Schülerin/der Schüler _____ hat es besonders schwer an unserer Schule, weil _____ _____. Bitte hilf ihr/ihm. Gott, zeige mir, was ich tun soll und wie du mit ihr/ihm umgegangen wärst.

▶ Gott, folgenden drei Freunden _____, _____, _____ würde ich gerne mehr von dir und meinem Glauben erzählen. Schenke mir Mut und mach sie offen und neugierig auf dich.

LOSER ODER WINNER?

DER BESTE UMGANG MIT ERFOLG UND MISSERFOLG

Vom Loser zum Winner

- ▶ Justin Timberlake und Twilight-Star Kristen Stewart haben ADHS, zählen aber zu den erfolgreichsten Stars der Welt.
- ▶ Ministerpräsident Kretschmann und der ehemalige Bundespräsident Wulf sind beide sitzen geblieben und wurden dann sehr erfolgreiche Politiker.
- ▶ Albert Einstein brach die Schule mit 15 ab und machte erst später sein Abitur.
- ▶ Chris Pahl hatte in seinem Abschlusszeugnis eine vier in Deutsch und hat mehrere Bücher rausgebracht.

Nur in meinem Kopf ...

„Fünf ist wenigstens 'ne ganze Handvoll", habe ich blöd grinsend und auf cool gesagt. Das war vor zwei Stunden, als wir die Mathearbeit zurückbekommen haben. Jetzt sitze ich zu Hause an meinem Schreibtisch und das Grinsen ist mir vergangen. Mein Kopf ist auf meine Arme gesunken und fühlt sich so unglaublich schwer an. Dabei muss er der Note nach zu urteilen unglaublich leer sein. Ich habe diese Geometrie-Formen einfach nicht gecheckt. Ich hab's diesmal echt versucht. An meiner Faulheit lag es nicht, dann ist es wohl Doofheit. Mein Vater, der Bauingenieur ist, wird wieder mal verständnislos den Kopf schütteln. Er ist nicht der Typ, der motzt oder schreit, aber ich spüre, wie enttäuscht er ist. Meine große Schwester, die konnte das alles. Ich muss schlucken, und ich spüre, wie eine Träne meine Wange hinunterläuft. Ich habe keine Ahnung, wie ich dieses Schuljahr überstehen soll. Ich bin ein Loser. Noch während ich das denke, fällt mein Blick auf eine Postkarte an der Wand: „Mit Verlierern kenn ich mich aus! – Gott." Und ich denke: *Ja, und was bringt mir das jetzt?*

Der 10-Uhr-Bibelvers

Jesus sagt: „Freuen dürfen sich alle, die unter der Not der Welt leiden, denn Gott wird ihnen ihre Last abnehmen."
Matthäus 5,4; GN

Impuls

Ich mag Spieleabende nicht so gerne. Nicht, weil ich nicht so gerne spiele. Das mag ich schon. Aber was ich nicht mag, ist Verlieren. Ich will Erfolg haben. Ich will zu den Besten gehören. Ich will gewinnen! Wenn ich verliere, dann bin ich auch schon mal eine Zeit lang schlecht gelaunt.

In der Bibel gibt es eine krasse Geschichte eines Gewinnertypens. Er hat sogar ein ganzes Buch mit 42 Kapiteln bekommen. Diese Person ist allerdings nur ganz am Anfang und ganz am Ende ein Gewinner. Der Typ heißt Hiob und er ist extrem erfolgreich. Er hat eine Frau, viele Kinder, Tausende Schafe und Rinder, viele Häuser – und er hält sich an alle Gebote Gottes. Doch dann verliert er nach und nach alles. ALLES. Seine Kinder sterben, sein Vieh wird geraubt und er wird krank. Es ist vorbei mit dem Erfolg. Der Gewinner ist zum Loser geworden.

Solche „Vom Winner zum Loser"-Geschichten findet man in der Bibel auch an anderen Stellen – und auch im heutigen Leben zuhauf:

Der Kanzlerkandidat der SPD, Martin Schulz, beispielsweise wurde 2017 mit einhundert Prozent der Stimmen zum Chef der SPD gewählt. Alle jubelten und lobten ihn. Und noch nicht mal ein Jahr später wurde er rausgeschmissen und keiner wollte mehr etwas mit ihm zu tun haben.

Die deutsche Fußballmannschaft ist bei der letzten WM bereits in der Vorrunde ausgeschieden. Vier Jahre zuvor, 2014, wurde sie als Weltmeister groß gefeiert. Vom Gewinner zum Verlierer.

Erfolg und Misserfolg liegen oft eng beieinander. Das hat ja auch Jesus selbst erlebt. Nur wenige Tage bevor er von der Menschenmenge beschimpft, bespuckt und erniedrigt wurde, war er noch von allen bejubelt worden, als er auf einem Esel in Jerusalem einzog. Die Menschen feierten ihn und breiteten vor ihm sogar Palmenzweige auf dem Weg aus. Aber von einem Moment zum anderen schlug die Stimmung um: Jesus – vom Winner zum Loser.

Wann hast du dich schon mal als Loser gefühlt? Womit hast du bisher Erfolg gehabt? Und wo hast du es mal so richtig vermasselt? Im Leben stehst du nicht immer auf dem Siegertreppchen. Mal bist du oben, dann wieder unten. Und den anderen geht's genauso wie dir.

Hier ein paar Tipps für den Umgang mit vier Situationen, denen du immer wieder begegnen wirst:

Fall 1: Du hast Erfolg

Jesus hatte Erfolg. Er hat viele Menschen geheilt. Er hätte damit angeben können. Aber er hat nicht mit seinen Taten geworben, sondern gesagt, dass er Gottes Sohn ist. Deswegen ist er selbstbewusst aufgetreten, aber ohne zu posen.

Natürlich darfst du dich über deinen Erfolg freuen, besonders dann, wenn du hart dafür gearbeitet hast. Es wäre doch komisch, wenn ein Fußballer nach dem Sieg seiner Meisterschaft nicht jubelt, oder!? Manche Fußballer machen aber noch etwas Interessantes, wenn sie jubeln: Sie deuten mit dem Finger in den Himmel oder zeigen auf ein Shirt unter ihrem Trikot, um auf Jesus hinzuweisen und sich bei ihm zu bedanken. Das finde ich cool: beim Freuen gleich „Danke, Gott!" mitzudenken oder zu sagen.

Fall 2: Andere haben Erfolg

Kannst du dich für den Streber in deiner Klasse freuen, wenn er schon wieder eine Eins hat? Ich befürchte, dir geht's da wie mir, und das fällt dir schwer. Aber Neid kann schlechte Stimmung machen und Beziehungen zerstören.

Warum fällt es uns so schwer, uns mitzufreuen, wenn andere Erfolg haben? Vermutlich, weil wir den Erfolg gerne selbst gehabt hätten oder weil wir es ungerecht finden, wenn jemand, ohne hart zu lernen, gute Noten schreibt. Mir hilft es in solchen Momenten immer, mich nicht mit den Leuten, sondern über Gott zu freuen. Gott hat diese Menschen in einem bestimmten Bereich scheinbar besonders begabt und ihnen Glück geschenkt. „Danke, Gott, dass du Max so viel Talent in Sport geschenkt hast. Und mich hast du dafür auf einem anderen Gebiet begabt..." Wenn andere etwas richtig gut können und damit erfolgreich sind, mach dir bewusst, was *du* richtig gut kannst oder wo *du* schon mal erfolgreich warst.

Fall 3: Du hast Misserfolg

Den wahren Charakter eines Menschen erkennt man im Misserfolg. Sorry, noch ein Fußball-Beispiel: Der Bayern-Spieler Sandro Wagner wurde 2018 nicht für den Kader der WM nominiert. Schon am nächsten Tag gab er ein Interview, in dem er Löw und andere Nationalspieler beschimpfte. Sehr verständlich, aber nicht weise.

Natürlich darfst du dich bei Niederlagen oder schlechten Noten ärgern und auch mal wütend sein. Aber die Frage ist: Wen machst du dabei klein? Du machst in solchen Momenten oft dich selbst runter. „Klar, ich kann es einfach nicht." Oder du suchst vielleicht die Schuld bei anderen: „Das war nur, weil der blöde XY mir nicht geholfen hat."

Unser Job von Gott auf dieser Welt ist es nicht, andere oder uns selbst klein zu machen, sondern uns und andere wertzuschätzen. Versuchs mal ganz bewusst!

Fall 4: Andere haben Misserfolg

Ich gebe es ehrlich zu: Ich mag diese „Fail-Videos", in denen Leute gegen Glasscheiben laufen oder vom Pferd fallen. Ich lache und freu mich besonders darüber, dass es diesmal nicht *mir* passiert ist. Über solche Art von Videos zu lachen ist zwar nicht gerade nett, aber nicht das größte Problem. Was ist mit der Fünf, die meine Banknachbarin hat, was ist mit der Jobabsage, die mein Nachbar bekommt, oder mit dem Liebesaus meines Kumpels?

Wenn du bei solchen Dingen Schadenfreude bei dir entdeckst, dann darfst du gerne mit mir zusammen das Vaterunser beten – und ganz laut den Teil mit „Vergib uns unsere Schuld ...".

Jesus ist dafür bekannt gewesen, dass er oft mit denen zusammen war, die keinen Erfolg hatten: Ausgegrenzte, Arme,

Prostituierte, Kranke ... Das waren seine Freunde – weil er ein Herz für solche Menschen hat. So ein Herz hab ich nicht einfach so, aus mir heraus. Ich bete immer wieder darum, dass Gott mein Herz weich macht. Leider ist es heute ein Trend, andere dumm dastehen zu lassen oder Posts mit Häme zu kommentieren. Es wäre so cool, wenn wir Christen da anders wären!

Die Geschichte von Hiob, dem Typen, der alles verloren hat, geht übrigens am Ende gut aus. Er ist wieder gesund geworden, hat wieder Kinder bekommen, und mehr Schafe und Rinder erhalten, als er je zuvor besessen hat.

Egal, ob wir gerade Erfolg haben oder nicht: Mit Gott sind wir auf der Gewinnerseite – auf der Seite, die zum Leben und zur Freiheit führt. Jesus ist als scheinbarer Loser am Kreuz für uns gestorben – um uns neue Chancen zu bieten, um uns von unserer Hartherzigkeit zu erlösen und um uns den Druck zu nehmen, immer die Besten sein zu müssen. Das ist Gnade – ein unverdientes Geschenk!

 ### Jetzt wird's praktisch!

Wie du in zwanzig Minuten gnädiger wirst

Ich geb's zu: „Gnädig" ist ein ziemlich altes Wort. Es bedeutet so viel wie „menschenfreundlich", „barmherzig", „gut", „hilfsbereit".

Ich lade dich zu einem kleinen Experiment ein. Bist du dabei? Du brauchst zwanzig Minuten Zeit, Zettel und Stift.

1 Suche dir einen ruhigen Ort. Nimm einen DIN-A4-Zettel und Stift mit. Stelle deinen Handytimer auf zwanzig Minuten und lege das stumm geschaltete Smartphone in die andere Ecke des Raumes.

② Bete kurz und bitte Jesus, dass er dir in den zwanzig Minuten begegnet.

③ Überlege dir eine Person, die dich gerade nervt, deren Erfolg dich ärgert oder dessen Misserfolg dir schadet. (Es sollte für den Anfang jemand sein, den du an sich magst oder mal mochtest – nicht dein größter Feind.) Die Person kannst auch du selbst sein. Schreib den Namen oben auf das Blatt, und darunter notiere in drei Stichpunkten, was dich gerade an der Person nervt/stört.

④ Drehe das Blatt einmal um 180 Grad und schreibe den Namen der Person dort noch mal auf. Bitte Gott nun, dir drei Dinge zu zeigen, die er an dieser Person sehr liebt und die ihm gefallen. Nimm dir ruhig etwas Zeit, um auf Gott zu hören.

⑤ Trenne das Blatt in der Mitte. Den Teil des Zettels mit den positiven Dingen, die du in der Stille vor Gott notiert hast, hebe dir gut auf. Vielleicht kannst du der Person sogar mal davon erzählen. Für die andere Hälfte des Zettels gibt es mehrere Optionen. Vielleicht willst du ihn verbrennen oder ins Klo werfen, weil du gemerkt hast, dass die Sachen, die du aufgeschrieben hast, nicht der Wahrheit entsprechen. Vielleicht willst du auch eine Sache, die dich an der Person wirklich stört, ansprechen – oder bei dir selbst ändern.

⑥ Bete noch mal. Vielleicht willst du Gott um Vergebung bitten oder um Geduld oder seinen Frieden. Bete für dein Herz und für die andere Person.

Wenn es nicht geklappt hat: Gib nicht auf. Wiederhole das Experiment einfach morgen noch mal! 😄

Eine „Vom-Loser-zum-Gewinner"-Story aus der Bibel
Eine neue Chance für Petrus

Petrus war ganz unten angelangt: Als der Hahn zum dritten Mal krähte, erinnerte er sich daran, dass Jesus zu ihm gesagt hatte: „Noch ehe der Hahn dreimal gekräht hat, wirst du mich dreimal verleugnet haben." Er war ein Schisser. Als Jesus gefangen genommen wurde, behauptete er, Jesus überhaupt nicht zu kennen. Verzweifelt rannte er davon.

Jetzt, nachdem Jesus auferstanden ist und sich seinen Jüngern gezeigt hat, kommt es am See Genezareth zu einem erstaunlichen Gespräch zwischen Jesus und Petrus. Und der ehemalige Loser Petrus erkennt: „Jesus ist nicht sauer. Er gibt mir eine neue Chance ..."

Nachdem sie gegessen hatten, sagte Jesus zu Simon Petrus: „Simon, Sohn von Johannes, liebst du mich mehr, als die hier mich lieben?"

Petrus antwortete: „Ja, Herr, du weißt, dass ich dich liebe."

Jesus sagte zu ihm: „Sorge für meine Lämmer!"

Ein zweites Mal sagte Jesus zu ihm: „Simon, Sohn von Johannes, liebst du mich?"

„Ja, Herr, du weißt, dass ich dich liebe", antwortete er.

Jesus sagte zu ihm: „Leite meine Schafe!"

Ein drittes Mal fragte Jesus: „Simon, Sohn von Johannes, liebst du mich?"

Petrus wurde traurig, weil er ihn ein drittes Mal fragte: „Liebst du mich?" Er sagte zu ihm: „Herr, du weißt alles, du weißt auch, dass ich dich liebe."

Jesus sagte zu ihm: „Sorge für meine Schafe!" Dann sagte Jesus zu ihm: „Komm, folge mir!"
Johannes 21,15–19; GN; gekürzt

Die 10-Uhr-Meditation

Hey, sei nicht so hart zu dir selbst,
es ist okay, wenn du fällst,
auch wenn alles zerbricht,
geht es weiter für dich.

Hey, sei nicht so hart zu anderen.
Es ist okay, wenn sie fallen.
Wenn in ihrem Leben etwas zerbricht,
geht es weiter für sie.

Hey, sei nicht so hart zu mir.
Es ist okay, wenn du mich anklagst.
Aber für deinen Zerbruch bin ich zerbrochen.
Durch meine Gnade geht es weiter für dich.

Hey, lass die Gnade gewinnen.
Es ist okay, wenn wir fallen.
Denn nach jedem Zerbruch
geht es weiter mit heilender Kraft.*

* inspiriert von „Sei nicht so hart zu dir selbst" von Andreas Bourani

HAVE A BREAK!

PAUSE – EINE GENIALE IDEE GOTTES

Fünf interessante Facts zum Thema Pause und Urlaub

► In China hat man nur 10 Urlaubstage pro Jahr – in Deutschland über 25.
► In Bulgarien haben Grundschüler bis zu 16 Wochen Sommerferien.
► Wie lange kann man ohne Pause zocken? Der Weltrekord beim Computerspiel GTA liegt bei 40 (!) Stunden.
► In der Halbzeitpause des Super Bowls werden in den USA 680 Millionen Liter Wasser auf den Toiletten runtergespült.
► Durchschnittlich 24 Jahre und vier Monate unseres Lebens verbringen wir mit Schlafen. Aber nur zwei Wochen mit Beten.

Nur in meinem Kopf ...

Ich liebe dieses Geräusch. Es ist der schönste Sound, den ich kenne. Schon seit meiner frühen Kindheit hat er mich geprägt. Dieser Klang schafft etwas ganz Besonderes. Er setzt nicht nur ganze Menschengruppen in Bewegung, nein er verbindet sich auch in meinem Kopf mit der Kraft der Erlösung. Kein anderes Geräusch steht für mich für Freiheit. Für einen Moment das wahre Leben genießen und allen Stress hinter mir lassen ... Ich frage mich, ob es dieses Geräusch ist, das man als Letztes hört, bevor man stirbt. Immer wieder sitze ich in langweiligen Gottesdiensten und sehne mich nach diesem einen Klang. Ich weiß: Irgendwann wird dieser Sound für mich zum letzten Mal abgespielt. Die Vorstellung, diese Zeichen der Erlösung nicht mehr zu hören, macht mir irgendwie Angst. Aber bis zum Abi hab ich ja noch ein paar Jahre, denke ich, während ich auf dem Stuhl sitze und leise runterzähle. 3-2-1-riiiiing. Aaah! Es ist so wunderschön. Ich liebe die Pausenklingel unserer Schule!

Der 11-Uhr-Bibelvers

Ihr sollt sechs Tage arbeiten und am siebten Tag ruhen!
2. Mose 34,21

Impuls

Ich stehe mitten in einer Großstadt, einer Stadt, von der ich weiß, dass da immer was los ist: Lärm. Hektik. Betriebsamkeit. Autos. Menschen. Händler. Noch vor einer Stunde war es jedenfalls genau so. Jetzt – mittlerweile zeigt mein Smartphone 19 Uhr an – ist es auf einmal gespenstisch still. Es fahren nur noch ganz wenige Autos und keine Busse oder Straßenbahnen. Alle Geschäfte sind zu. Ein vorbeilaufender Mann grüßt mich mit „Shabbat Shalom!".

Ich bin in Jerusalem, und vor wenigen Minuten, genau in dem Moment, als der dritte Stern am Himmel zu entdecken war, hat der Sabbat begonnen. Der jüdische Sabbat ist so etwas Ähnliches wie unser Sonntag. Er dauert von Freitagabend bis Samstagabend. Allerdings gibt es einige Unterschiede zu unserem Sonntag. Zum Beispiel gibt es am Sabbatbeginn, also am Freitagabend, immer eine Sabbatfeier – mit der ganzen Familie oder engen Freunden. Es wird gegessen und es gibt während des Abends feste Rituale, zum Beispiel wird von der Frau des Hauses eine Kerze angezündet und es werden vorgegebene Texte und Gebete gesprochen. Außerdem gehören zum Sabbat auch Gottesdienstbesuche.

Das Besondere ist, dass in Israel am Sabbat der komplette Bus- und Zugverkehr eingestellt ist. Auch viele Restaurants haben geschlossen, es finden keine Fußballspiele statt und an Flugreisen dürfen Juden an diesem Tag nur nach besonderer Genehmigung teilnehmen. Das gesamte öffentliche Leben kommt zum Erliegen. Ich finde das inspirierend. Denn der Sabbat hat in Israel eine viel größere Bedeutung als bei uns der Sonntag. Das Ausruhen hat höchste Priorität.

Ausruhen – eine Idee von Gott
Diese Idee stammt aus der Schöpfungsgeschichte der Bibel: Gott hat nach sechs Tagen sehr, sehr harter Arbeit (nun, erschaffe du mal in einer Woche die ganze Welt ...!) am siebten Tag ausgeruht. Und Gott wollte, dass wir es ihm nachmachen.

Doch ausruhen bedeutet viel mehr als „nicht arbeiten". Es bedeutet vor allem, einfach nur da zu sein, Zeit zu haben, bei Gott zu sein. Zeit mit ihm einzuplanen. Ich kann ihn in der Gemeinschaft mit anderen Menschen, beim Essen, beim Lesen von Bibelworten, draußen in der Natur ... entdecken. Die sonntägliche Ruhepause ist aus Sicht der Bibel nicht dazu gedacht, stundenlang alleine zu zocken, endlich mal die liegen geblie-bene Hausarbeit zu erledigen oder den Tag mit irre vielen Frei-zeitterminen vollzustopfen, sodass man gar nicht richtig zur Besinnung kommt.

Ich gebe es zu, ich bin beim Thema Pausen-Machen oder Ruhetag-Halten kein gutes Vorbild. Ich arbeite gerne und viel; habe Ehrenämter, Hobbys, Mentees, Freunde und immer ein Buchprojekt, an dem ich arbeiten könnte ...

Schwer beschäftigte Menschen, die viel leisten, sind hoch angesehen. Beschäftigt und gestresst zu sein ist normal. Ich merke, wie dieser Trend mich beeinflusst. Aber ich nehme immer wieder wahr, dass mir – und besonders meiner Seele – etwas fehlt. Ich habe zwar einen vollen Terminkalender, aber irgendwie komme ich selbst zu kurz. Es fehlen mir die Ruhe, die Zeiten zum Abschalten, das produktive Nichtstun, das Leben im Hier und Jetzt. Am Sonntag möchte ich mich doch eigentlich viel lieber mit Menschen beschäftigen statt mit Auf-gaben und Projekten.

Was stellst du mit deiner freien Zeit an?
Immer wieder höre ich andere sagen: „Ich hab da zu wenig Zeit für gehabt." Oder: „Ich hab gar keine Zeit!"

Eigentlich wundert mich das, denn wenn ich das richtig verstanden habe, hat jeder Mensch jeden Tag 24 Stunden. Und jede Woche 168 Stunden. Keiner hat weniger oder mehr Zeit. Die Frage ist: Was knall ich mir in meine Zeit rein? Welche Pri-oritäten setze ich!?

Überlege mal: Was macht dir Stress? Oft sind die Aufga-ben, die wir tun müssen, gar nicht sooo schlimm, aber sie werden nervig und stressig, weil wir sie unter Zeitdruck erle-digen. Auch schöne Dinge können irgendwann stressen. Näm-lich dann, wenn wir zu viel davon in eine zu kurze Zeitspanne reinpressen wollen. Schnell was essen, dann hastig aufbrechen, um irgendwo hinzufahren, nebenbei WhatsApps schreiben oder Freunde anrufen ... Lauter schöne Sachen, aber unter Zeitdruck machen sie irgendwann keinen Spaß mehr.

Von Jesus lernen

Ich möchte von Jesus lernen. Ihm war es wichtig, seiner Seele Aufmerksamkeit zu schenken, „Seelenzeit" zu haben. Ihm war es auch wichtig, sich Zeit mit seinen Freunden (den Jüngern) zu gönnen, mit ihnen zu essen und zu reden. Und dann lesen wir immer wieder, dass er sich Zeit nahm, um allein zu beten, also seinem Vater im Himmel zu begegnen. Es gab so viele Leute, die Jesus *nicht* geheilt hat, und viele Menschen, zu denen er nie gepredigt hat. Das hätte man sicher mit einem guten Management anders lösen können. Wenn Jesus statt eines Esels eine Pferdekutsche benutzt und weniger Pausen gemacht hätte, wäre seine Effektivität deutlich höher gewesen. Aber das war nicht sein Ziel. Ihm ging es nicht um Effektivität, sondern um Zeit mit den Menschen und mit Gott. Er wusste, dass er diese „Seelenzeit" brauchte, denn er war ganz Mensch. Und Menschen sind nun mal keine Maschinen; ihre Seele braucht regelmäßig den Standby-Modus: den Schlaf zum Beispiel. Im Schlaf produzieren wir nichts (außer schlechte Luft). Im Schlaf fahren wir runter, sodass sich unser Körper erholen und unser Gehirn das Erlebte des Tages verarbeiten kann. Mit wenig Schlaf werden wir ungenießbar – und irgendwann krank. Und ohne Pausen und Ruhetage werden wir es auch.

Was tut dir gut?

Hast du dir schon mal die Frage gestellt: Was tut dir in der großen Schulpause, in deinen schulfreien Zeiten am Abend, an den Wochenenden und freien Tagen wirklich gut? Wobei kannst du abschalten, dich so richtig erholen? Und, sorry, Handyzocken, YouTube oder Netflixen sind mal ganz nett zwischendrin zum Ablenken, aber sie sind keine wirklichen Entspannungsaktivitäten. Außer natürlich die Videoclips zu diesem Buch unter „christipahl" auf YouTube und Insta 😊.

Hier drei Sachen, die meiner Seele Entspannung bringen:

▶ *Die Schönheit der Natur.* Das Zwitschern der Vögel, der Sonnenaufgang, die Blumen im Park, goldene Kornfelder, ein stiller See ... Wenn ich Gottes Schönheit bewusst wahrnehme, bekommt meine Seele Futter.

▶ *Echte Zeit für Freundschaften.* Man kann mit Menschen Small-Talk-Zeit verbringen und Mist labern. Das ist auch wichtig und entspannend. Aber meine Seele berührt es, wenn Menschen persönlich von ihren Freuden und ihrem Frust erzählen und ich Raum dafür habe, das Gleiche zu tun. Im gemeinsamen Gebet verbindet sich dann unser Inneres mit Gott.

▶ *Bewegung und Zeit nur für mich allein.* Ich bin deutlich ausgeglichener, wenn ich regelmäßig eine Stunde durch den Wald renne. Im Alleinsein, und wenn ich nicht medial beschallt werde, habe ich Zeit zum Nachdenken, Träumen und Beten. Und danach fühle ich mich wohler in meinem Körper – und wenn sich der Körper wohlfühlt, dann tut es auch die Seele.

Vielleicht brauchst du etwas ganz anderes zum Entspannen: Musik oder Basteln oder Fahrradfahren ... Finde es heraus – deine Seele wird sich freuen! Und Gott auch. Denn die Entspannungspause – das ist seine Erfindung.

Jetzt wird's praktisch!

Hier wieder ein kleines Experiment. Der Haken ist: Du brauchst ein bisschen Mathekenntnis oder einen Taschenrechner. Eins von beidem wirst du wohl haben 😄. Nimm dir vor, mal genauer zu checken, womit du an einem ganz normalen Wochentag deine Zeit verbringst. Der Tag hat 24 Stunden. Für jede Aktivität gibt es in der Tabelle eine Zeile, in die zweite Spalte trägst du jeweils die Zeit ein, die du für diese Aktivität gebraucht hast. Ein paar Kategorien hab ich dir schon mal vorgegeben. Ganz unten kannst du noch eigene Sachen ergänzen.

Aktivität	verbrauchte Zeit
Schlaf	
Schule	
Essen	
Bad/Klo	
Hausarbeit/Ordnung	
Sport	
Gottesdienst/Jugendgruppe	
Smartphone	
PC/Playstation/TV	
Zeit mit Freunden	
Zeit mit der Familie	
Sonstige Hobbys	
Zeit mit Gott	
	gesamt: 24 Stunden

Und – wie sieht es bei dir mit der Zeiteinteilung aus? Zu gerne würde ich deine ausgefüllte Tabelle mal sehen ... Hier ein paar Fragen, über die du nachdenken kannst:

- ⬆ Was fällt dir auf?
- ⬆ Was überrascht dich?
- ⬆ Welche Zeit ist „Seelenzeit" für dich?
- ⬆ Was würdest du gerne an deinem Tagesablauf ändern?
- ⬆ Wo kommt Gott klar und deutlich vor, wo nicht?
- ⬆ Wie könnte man Gott in alle Bereiche bewusst mit rein-nehmen?
- ⬆ Hast du zu viel oder zu wenig „Sabbatzeit"?

Wenn du magst, schnapp dir jemanden, mit dem du dich darüber austauschst.

Eine Sabbat-Geschichte aus der Bibel
Ein verbotenes Wunder am Ruhetag

Jesus wusste, dass der Sabbat ein Ruhetag war. Aber er hielt nichts von engstirnigen Verboten. Was für ihn zählte, war: Zeit zu haben und die Menschen in den Blick zu nehmen, die gerade seine Aufmerksamkeit brauchten ...

[Jesus sagte:] „Der Sabbat wurde doch für den Menschen geschaffen und nicht der Mensch für den Sabbat. Deshalb ist der Menschensohn auch Herr über den Sabbat und kann somit entscheiden, was am Sabbat erlaubt ist."

Als Jesus wieder einmal in die Synagoge ging, war dort ein Mann mit einer verkrüppelten Hand. Die Gegner von Jesus beobachteten aufmerksam, wie er sich verhalten würde. Sollte Jesus es nämlich wagen, den Kranken am Sabbat zu heilen, so könnten sie Anklage gegen ihn erheben.

Jesus rief dem Mann mit der verkrüppelten Hand zu: „Steh auf und stell dich in die Mitte, damit alle dich sehen können!"

Dann fragte er seine Gegner: „Soll man am Sabbat Gutes tun oder Böses? Soll man das Leben eines Menschen retten oder soll man ihn zugrunde gehen lassen?"

Doch er bekam keine Antwort. Zornig und zugleich traurig über ihre Hartherzigkeit sah Jesus einen nach dem anderen an. Zu dem Mann aber sagte er: „Streck deine Hand aus!"

Er streckte sie aus, und die Hand war gesund.

Markus 2,27–3,5

Das 11-Uhr-Gebet

Herr, ich suche deine Ruhe,
fern vom Getöse dieser Welt.
Ich hör jetzt auf mit allem, was ich tue,
und tu das eine, das im Leben zählt.
Ich höre auf die Stimme meines Herrn!
Führe du mein Innerstes zur Ruhe!

Du bist ein starker Turm,
du bist das Auge im Sturm!
Du sprichst zum aufgewühlten Meer
meiner Seele in mir, Herr,
Friede mit dir, Friede mit dir.

Herr, ich suche deinen Frieden,
das, was die Welt nicht geben kann,

in Harmonie und tief versöhnt zu leben,
denn das fängt erst in deiner Nähe an!
Ich werd so still wie ein grad gestilltes Kind! *

Und jetzt nimm dir etwas „Seelenzeit" mit Gott!

* *Titel: Herr, ich suche deine Ruhe (Auge im Sturm)*
  Text: Martin Pepper, © 1997 mc-peppersongs

Quizfrage

Wo kommt der Begriff „Mobbing" her?
Nur eine Antwort stimmt. (Welche, erfährst du unten im Impuls.)

a) MOB ist eine Abkürzung und steht für „Menschen ohne Balkon". In der ehemaligen DDR wurden damit in den 1980er-Jahren Menschen bezeichnet, die sich in den neuen Plattenbauten keinen Balkon leisten konnten. Sie wurden gemeinschaftlich ausgeschlossen: „gemobbt".

b) MOB meint eine aufgeregte Volksmenge, von lateinisch: „mobile vulgus". Der Verhaltensforscher K. Lorenz prägte diesen Begriff, als sie bei Tieren beobachteten, wie eine Gruppe gemeinschaftlich auf einen „Fressfeind" losgeht.

c) MOB kommt von „Wischmob". „Mobben" bedeutet demnach jemandem „eins auswischen" oder ihn „nass machen". Der schwäbische Soziologe M. Proper hat diesen Begriff in den 1960er-Jahren geprägt.

Nur in meinem Kopf ...

Bis eben fand ich es noch ganz witzig. Natürlich habe ich auch gelacht. Das sah aber auch echt lustig aus. Und Tom ist ja irgendwie selber schuld. Der ist immer so ein Klugscheißer. Und diesmal hat er uns noch an Frau Schmidt verpetzt. Aber jetzt tut er mir doch leid. Als Jens und Marc ihn festhielten und ihm mit Edding ein männliches Geschlechtsteil auf die Stirn malten, hatte Tom sich kaum gewehrt. Wir, die anderen in der Klasse, hatten gelacht.

Jetzt wehrt sich Tom aber heftig und ich kann nicht mehr lachen. Jens und die anderen halten ihn fest und grölen: „Jetzt bekommt er noch einen auf den Po gemalt!" Sie versuchen, ihm die Hose runterzuziehen. Das finde ich echt nicht richtig. Soll ich etwas tun? Der Petze etwa helfen? Vielleicht bekomm ich dann auch noch so ein Kunstwerk verpasst!? Ich bin ja irgendwie auch froh, dass sie ihre Wut an Tom auslassen und nicht ich der Außenseiter bin. Aber „alle gegen einen", das ist doof. Ich nehme meinen ganzen Mut zusammen und ... verlasse das Klassenzimmer. Und das Wimmern von Tom: „Nein bitte nicht!", wird in meinen Ohren immer leiser. Aber in meinem Kopf kann ich es noch lange hören.

Der 12-Uhr-Bibelvers

Jesus spricht: „Er hat mich gesandt, den Armen gute Nachricht zu bringen, den Gefangenen zu verkünden, dass sie frei sein sollen, und den Blinden, dass sie sehen werden. Den Misshandelten soll ich die Freiheit bringen."
Lukas 4,18; GN

Impuls

Gibt es in deiner Klasse beziehungsweise an deiner Schule Mobbing? Wenn ja: Bist du eher ein Mitmacher oder selbst die Zielscheibe? Oder ein Beobachter und „Danebensteher", so wie Laura? Vermutlich hat es jeder schon mal erlebt, dass jemand gemobbt wird. Das kann, wie in Lauras Zeilen deutlich wird, mit fiesen Aktionen passieren. Meistens geschieht Mobbing aber weniger aufsehenerregend: durch blöde Sprüche und Kommentare oder auch dadurch, dass man jemanden komplett ignoriert. Immer häufiger werden Leute auch in den sozialen Medien gemobbt. Mobbing hat immer etwas mit einer Gruppe zu tun. (Die Antwort „b" auf die Quizfrage oben ist also richtig.) Beim Mobbing gibt es immer eine scheinbar überlegene Gruppe, die einen anderen oder eine Minderheit versucht kleinzuhalten, zu schaden oder auszuschließen. Mobbing ist keine Erfindung des 21. Jahrhunderts. Das kommt schon in der Bibel vor! Da geht es zum Beispiel gleich am Anfang in 1. Mose, dem ersten Buch der Bibel, um Josef und seine Brüder. Josef ist der Jüngste von ihnen; Vater Jakob verwöhnt ihn so sehr, dass die älteren Brüder neidisch auf das Nesthäkchen werden. Josef verhält sich überheblich und ist außerdem eine Petze. Was weiter passiert, kannst du auf S. 72 f bzw. in 1. Mose 37,18 ff nachlesen ...

Warum Mobber andere mobben

Das Muster in einer Mobbing-Story ist immer ähnlich: Die Täter sind oft selbst verletzt und verunsichert. Ein guter Freund von mir arbeitet im „Seehaus", einer Einrichtung für jugendliche Straftäter. Die Jungs dort haben Menschen verprügelt, beklaut, ihnen Drogen verkauft oder sie betrogen.

Sie sind alle verurteilte Täter und haben ihre Straftaten sehr oft in einem „Mob", in einer Gruppe, begangen. Wenn ich meinen Kumpel besuche, erzählen mir die Jungs immer etwas aus ihrem Leben, und sehr schnell ist mir nicht mehr so ganz klar, wer da eigentlich Opfer und wer Täter ist. Ihre Geschichten gleichen sich: zu Hause geschlagen oder vernachlässigt, keine Liebe im Elternhaus, Außenseiter in der Klasse, kein Erfolg bei Mädels, früh selbst Drogen genommen. Sie alle sind zuerst verletzt worden, bevor sie anfingen, andere zu verletzen. Das macht ihre Taten natürlich kein bisschen besser. Aber es zeigt, dass Mobbing und Gewalt das Mittel der Schwachen und Verunsicherten sind. Gerade den Tätern würde es sehr helfen, wenn sie Jesus kennenlernen könnten. Denn Jesus kann ihnen ihre Schuld vergeben und ihnen Halt und Liebe geben.

Gott stellt sich zu Mobbing-Opfern

Gott lässt Mobbing-Opfer nicht alleine. Du bist nicht ein „lebenslanges Opfer". Josef, der von seinen Brüdern gemobbt wurde, begegnete ihnen viele Jahre später wieder. Aber er hat in seinem Herzen keinen Hass gesammelt. Er vergibt ihnen – und sagt dann etwas, das ich sehr stark finde: „Ihr gedachtet es, böse mit mir zu machen; aber Gott gedachte es, gut zu machen" (1. Mose 50,20; LU).

Auch wenn das sehr schwer zu verstehen ist: Damit die Spirale von Mobbing und Gewalt aufhört, muss Vergebung passieren. Göttliche Vergebung. Der Experte dafür ist Jesus. Er nimmt den Tätern ihre Schuld, wenn sie sie bereuen – und macht sie frei, anders zu reagieren.

Und Jesus hilft auch den Opfern, nicht an ihrem Hass festzuhalten, sondern zu vergeben. Zugegeben: Das ist sehr schwer. Das braucht Zeit. Denn Mobbing kann Menschen tiefe Wunden zufügen – und Verletzungen heilen nur langsam. Aber es gibt keinen anderen, keinen besseren Weg! Vergebung heißt übrigens nicht, eine Tat zu „vergessen", runterzuspielen oder so zu tun, als sei alles gar nicht mehr so schlimm. Etwas Böses bleibt böse. Vergebung heißt, den Täter – und damit die eigene Wut – loszulassen, damit man selbst frei werden kann.

Jesus kümmert sich auch um die Mitläufer

Jesus hilft auch den „Daneben-Stehern" und Beobachtern. Denn sie brauchen eins ganz besonders: Mut. Mut, nicht länger wegzugucken oder tatenlos zuzuschauen. Den Mut, einzugreifen. Mut, den Opfern beizustehen. Den Mut, sich gegen das Böse zu stellen. Das ist schwer. Das ist Risiko. Aber nur so wird eine friedlichere Welt – beziehungsweise Welt ohne Mobbing – möglich. Und das liegt Jesus zutiefst am Herzen!

 ## Jetzt wird's praktisch!

Wenn du Opfer von Mobbing bist:

▶ Such dir Menschen, mit denen du über deine Situation reden kannst: Eltern, Freunde, Jugendleiter, ein Vertrauenslehrer, jemanden von einer Beratungsstelle ... (Onlineberatung gibt's zum Beispiel auf www.schueler-gegen-mobbing.de) Sucht gemeinsam nach Lösungen.

▶ Suche dir Rückendeckung und Verbündete: in Internetforen, in deiner Klasse, auch bei Leuten, die sich wie Mitläufer verhalten. Sprich sie an. Es ist immer gut, nicht allein dazustehen.

▶ Versuche, selbstbewusst aufzutreten. Überlege, welches Verhalten von dir das Mobben fördert. Vielleicht kannst du etwas verändern!?

▶ Bete für deine Feinde. Ich weiß, das ist sehr krass, aber ich glaube, dass es etwas verändert. Ganz besonders auch *in dir*.

Wenn du Täter bist:

▶ Dann höre auf, andere zu mobben. Mach dir bewusst, dass Mobbing großen Schaden anrichtet und das Opfer sogar in den Selbstmord treiben kann. Mobbing ist echt kein Spaß!

▶ Überlege, warum du dich so verhältst. Bist du vielleicht selbst schlecht behandelt worden, hast Gewalt erfahren oder zu wenig Beachtung und Liebe von anderen bekommen? Willst du nur auffallen und dich wichtigmachen?

▶ Entschuldige dich bei deinen Opfern und bitte Gott um Vergebung. Er vergibt so gerne!

Wenn du Mitläufer bist:

▶ Stärke nicht die Täter, indem du mitlachst oder sie in ihrer scheinbar coolen Rolle bestärkst. Wer mobbt, ist uncool! Das kannst du sagen und auch ausstrahlen.

▶ Suche dir Unterstützer, damit ihr dem Betroffenen gemeinsam helfen könnt. Am besten Gleichaltrige – oder auch einen Erwachsenen. Bildet eine „Anti-Mobbing-Kampfeinheit" und schreitet ein.

▶ Bete für Opfer und Täter. Bete um Frieden in dieser Situation.

▶ Werde kreativ. Spendiere dem Außenseiter eine Süßigkeit. Sei freundlich zu ihm. Hilf ihm bei den Hausaufgaben ... Lenke in Mobbing-Situationen ab und hin zu einem anderen Gesprächsthema ...

Eine Mobbing-Geschichte aus der Bibel
Fiese Brüder

*Josef und seine älteren Brüder habe ich dir ja schon vorgestellt.
Hier liest du, was schließlich passierte ...*

Seine Brüder erkannten ihn schon von Weitem. Noch bevor er
sie erreichte, beschlossen sie, ihn umzubringen.

„Da kommt ja unser Träumer!", spotteten sie untereinander.

„Los, wir erschlagen ihn und werfen ihn in einen der tiefen
Brunnen hier in der Gegend! Unserem Vater erzählen wir, ein
wildes Tier hätte ihn gefressen. Dann werden wir ja sehen, was
aus seinen Träumen wird!"

Nur Ruben wollte ihn retten. „Wir dürfen ihn nicht töten!",
rief er. „Vergießt kein Blut! Werft ihn doch lebend in diesen
Brunnen hier in der Steppe!" Ruben wollte ihn später
heimlich wieder herausziehen und zu seinem Vater zurück-
bringen.

Kaum hatte Josef sie erreicht, da entrissen sie ihm sein
vornehmes Gewand und warfen ihn in den leeren Brun-
nenschacht. Dann setzten sie sich, um zu essen. Auf einmal
bemerkten sie eine Karawane mit ismaelitischen Händlern.
Ihre Kamele waren beladen mit wertvollen Gewürzen und
Harzsorten. Sie kamen von Gilead und waren unterwegs nach
Ägypten.

Da sagte Juda: „Was haben wir davon, wenn wir unseren
Bruder töten und den Mord an ihm verheimlichen? Nichts!
Los, wir verkaufen ihn an die Ismaeliter! Dann brauchen wir
ihm nichts anzutun, schließlich ist er immer noch unser Bruder!"

Die anderen stimmten zu, und so holten sie Josef aus dem Brunnen und verkauften ihn für 20 Silberstücke an die ismaelitischen Händler, die ihn mit nach Ägypten nahmen.
1. Mose 37,18–28

Das 12-Uhr-Gebet

Egal, ob es um Mobbing oder um andere Dinge geht: Immer wieder verletzen wir andere Menschen. Machen Fehler. Schweigen, wo wir mutig etwas dagegen sagen sollten. Deshalb habe ich hier ein sogenanntes „Bußgebet" formuliert. In vielen Gottesdiensten kommen solche Gebete regelmäßig vor – aber nicht, damit man ein schlechtes Gewissen bekommt, sondern eine Chance erhält, seine Fehler zu bereuen und Gottes wunderbare Vergebung anzunehmen.

Großer Gott, du hast mich wunderbar gemacht. Danke!
Und doch merke ich, dass ich Fehler mache und Menschen schade.
Ich möchte niemandem wehtun.
Jesus, bitte vergib mir alle meine Taten, die andere erniedrigt oder verletzt haben.
Jesus, bitte vergib mir meine Überheblichkeit und meinen Stolz anderen gegenüber.
Jesus, bitte vergib mir mein Schweigen und Nichtstun, wenn Unrecht geschehen ist.
Jesus, bitte vergib mir, dass ich dich und mich selbst zu wenig liebe.
Jesus, bitte nimm mir meine Schuld und meine Last.
Amen.

Und ich darf dir das hier schreiben: Wenn du das Gebet ernst meinst, dann darfst du jetzt für dich in Anspruch nehmen, dass Gott dich nicht bestraft, sondern befreit. Jesus trug die Strafe – du darfst leben. Niemand und nichts darf dich für diese Schuld verurteilen. Du bist frei!

MITTAGSPAUSE!

WAS WÜRDE JESUS ESSEN?

Fünf interessante Sachen zum Thema Essen, die tatsächlich in der Bibel stehen

► Adam und Eva im Paradies lebten vermutlich als Vegetarier (1. Mose 1–3 und 1. Mose 9,3).

► Der erste Winzer (Noah) war auch gleich der erste Betrunkene der Bibel (1. Mose 9,20 f).

► Nach 3. Mose 11,6 darf man keine Hasen essen, weil sie keine gespaltenen Füße haben. Dort steht auch, dass sie Wiederkäuer seien. Sind sie aber gar nicht! Ausnahmsweise stimmt die Bibel hier nicht.

► Wenn du schon immer wissen wolltest, welche Arten von Heuschrecken du essen darfst, dann findest du die richtige Antwort in 3. Mose 11,22: „alle Arten von Wanderheuschrecken, alle Arten von Feldheuschrecken, alle Arten von Laubheuschrecken und alle Arten von Springheuschrecken".

► In Römer 14 empfiehlt Paulus den Gläubigen, die meinen, sich an Speisevorschriften halten zu müssen: „Esst lieber Gemüse!" Und seinem Freund Timotheus empfiehlt er, lieber noch ein bisschen mehr Wein zu trinken, denn er sei ja so oft krank (1. Timotheus 5,23).

Nur in meinem Kopf ...

Ich platze gleich! Ich stelle mir grad vor, wie das aussehen würde ... Schon ekelhaft. Gerade hier im „Goldenen Koi", dem chinesischen All-you-can-eat-Restaurant, in dem wir schon seit Ewigkeiten sitzen. Onkel Chris hat Geburtstag und ich habe voll reingehauen: gebratener Reis mit Garnelen, frittiertes Huhn mit Curry, Ente süß-sauer, Frühlingsrollen, gebackene Banane ... Hm, es ist so lecker, aber nach dem dritten Gang zum Buffet ist mir schlecht. Onkel Chris geht schon zum fünften Mal los und sagt: „Jeder Gang macht schlank." Oh Mann, sind seine Sprüche flach! Eigentlich ist die Feier ja ganz nett, aber das Essen wird einem leider etwas vermiest. Denn Tante Gudrun ist da. Tante Gudrun probiert regelmäßig neue Essens-Trends aus. Sie spricht über nichts anderes. Vor ein paar Jahren hat sie nur Sachen gegessen, die zu dieser Zeit in einem Umkreis von zehn Kilometern wuchsen. Ihr Essen an Weihnachten war ziemlich überschaubar: irgendwas mit Kohl. Letztes Jahr hat sie Trennkost gemacht und nur Fleisch und Eier gegessen. Jetzt lebt sie vegan. Das kann sie ja gerne machen, aber sie redet schon stundenlang von Massentierhaltung, Übergewicht durch zu viel Fett, der schlechten CO_2-Bilanz von Fleisch und wie wenig sie hier am Buffet essen könne. So macht Fleischessen wirklich keinen Spaß! Während ich mir dann doch noch einen Salat hole, frage ich mich: „Was würde Jesus heute eigentlich essen?"

Der 13-Uhr-Bibelvers

Paulus schreibt: „Ob ihr esst oder trinkt oder was immer ihr sonst tut – alles soll zur Ehre Gottes geschehen.
1. Korinther 10,31

Impuls

Essen ist ein hochemotionales Thema. Manch einer macht seinen veganen Lebensstil zur Religion: Alle, die sich nicht zum Veganismus bekehren, werden verloren gehen ... Dann gibt es die Vegetarier-Hasser („Vegetarier essen den armen Tieren nur das Futter weg!") und die Diät-Fans: Anhänger der Low-Carb-Diät, der Steinzeitdiät, der „Schlank im Schlaf"-Diät, der Kohlsuppendiät ...

Ich finde es wichtig, das Thema Essen mal genauer anzuschauen, denn es betrifft uns alle – jeden Tag.

Schon im ersten Teil der Bibel, im Alten Testament, geht es sehr viel um das Thema Essen. Adam und Eva ernährten sich wahrscheinlich nur von Früchten und Pflanzen. Tiere essen sie im Paradies noch nicht, die beiden ersten Menschen sind von Gott aber dazu beauftragt, über die Tiere zu herrschen. Später (1. Mose 9,3) erlaubt Gott den Menschen, Fleisch zu essen, was immer wieder sehr wichtig war, denn Hungersnöte gehörten zum Alltag der Menschen. Mehr als genug zu essen haben bedeutete für die Menschen in alttestamentlichen Zeiten immer ein Geschenk Gottes. Gleichzeitig war das Fasten fester Bestandteil ihres Lebens. Die Menschen fasteten von Zeit zu Zeit, um Gott intensiver zu begegnen, um Wegweisung von ihm zu bekommen und um zu zeigen, dass sie Schuld auf sich geladen hatten und von ihrem bösen Tun umkehren wollten.

Eingangs hast du ja schon ein paar abgefahrene Dinge gelesen, die zum Thema „Essen" in der Bibel stehen. Einige dieser Speisevorschriften haben viel mit Hygiene und Gesundheit zu tun. Zum Beispiel wurde dem Wasser Wein beigemischt, damit es genießbarer wurde. Andere Regeln sind für uns Menschen des 21. Jahrhunderts nicht mehr zu verstehen, wie die Sache mit den Heuschrecken zum Beispiel.

Jesus selbst und die ersten Christen messen dem Essen keine zu hohe Bedeutung zu. Vermutlich hat sich Jesus, wie damals üblich, oft tagelang vegetarisch ernährt. Aber die These, dass er kein Fleisch und Fisch gegessen hat, ist etwas absurd. Wenn man am See aufgewachsen ist, gehörte Fisch zur Grundnahrung. Und wenn Jesus zu Festmählern, Hochzeiten oder dem Passah-Mahl eingeladen war, wäre es eine Beleidigung der Gastgeber gewesen, wenn er kein Fleisch gegessen hätte. Jesus war das Essen nicht so wichtig – vielmehr sorgte er sich um die Nahrung für die Seele. Er sprach von sich selbst als „Wasser des Lebens" (Johannes 4,14) und als „Brot" (Johannes 6,35). Wichtiger als das, was wir essen, war und ist für ihn also die Frage, was *unsere Seele* satt macht. Und in dieser Sache war er sehr deutlich: Er ist es, der uns tief innen drin satt macht, der unsere tiefsten Bedürfnisse kennt und sie stillen möchte.

Ist es dann also völlig egal, was wir essen, wie wir mit dem Essen umgehen, wie unsere Nahrung hergestellt wird? Ich glaube nicht.

Drei Gedanken aus der Bibel helfen mir, achtsam und respektvoll mit dem Essen umzugehen:

❶ Wir sollen die Schöpfung bebauen und bewahren.

Das ist unser Auftrag. Da steht nichts von „Nutze die Schöpfung aus und quäle Tiere, um sie zu essen". Und auch nicht: „Lass andere hart dafür arbeiten, dass du genug zu essen hast." Meiner Meinung nach dürfen wir Tiere essen, aber die Fragen, die ich mir stelle, lauten: Muss ich wirklich jeden Tag Fleisch essen? Wo kommt das Fleisch her, das ich esse? Ich kaufe sehr selten Fleisch, esse oft Falafel oder Halloumi-Käse statt Dönerfleisch. Freunde von mir kaufen ihr Fleisch nur vom regionalen Biometzger. Da ich mir Gedanken mache, wie das, was ich kaufe, produziert wird, habe ich auch angefangen, einzelne Dinge wie Kaffee, O-Saft, T-Shirts aus fairem Handel zu kaufen. Das ist immerhin ein Anfang.

Wie willst du die Schöpfung Gottes schützen und bewahren?

❷ Alle Nahrung kommt von Gott.

Er lässt das Getreide und die Früchte wachsen – das können nicht wir „machen". Wir sind abhängig vom Wetter und vom Klima. Ich bin ehrlich gesagt schnell gereizt, wenn im Ferienlager Kinder immer am Essen motzen. Aber auch ich werde schnell wählerisch: „Nee, dieser Kaviar ist nicht so gut wie der vom Feinkostladen…" Oft schaufele ich mein Essen nebenbei vorm PC rein. Dabei ist das ein göttliches Produkt, was ich da gerade zu mir nehme! Millionen Menschen auf dieser Welt haben keinen vollen Kühlschrank, sondern nur 1–2 Schalen Reis am Tag. Reis ohne alles. Nicht gerade lecker.

Danke Gott bewusst für das Essen und für die Menschen, die es herstellen und zubereiten. (Siehe 13-Uhr-Gebet auf S. 83.)

❸ In der Bibel steht, dass unser Körper ein Tempel des Heiligen Geistes ist (siehe 1. Korinther 6).
Das bedeutet, dass unser Körper nicht einfach nur eine fette Hülle für unsere Seele ist. Immer wieder warnt der Apostel Paulus vor Völlerei oder mangelnder Selbstdisziplin. Dein Körper ist Gott wichtig, und da Gott mit dir etwas vorhat, soll er noch einige Jahre halten. Gesunde Ernährung und Sport (solange du es damit nicht übertreibst) sind also durchaus Sachen, die Gott gutheißt. Er möchte, dass du dich in deinem Körper wohlfühlst und es dir gut geht. Jeden Tag McDonalds und auf der Couch rumlümmeln ist jedenfalls nicht deine Berufung ...

Der Umgang mit dem Essen, mit meiner Umwelt, mit meinem Körper, mein Kaufverhalten ... all das soll Gott also Ehre machen. „Ob ihr nun esst oder trinkt oder was ihr auch tut, das tut alles zu Gottes Ehre" (1. Korinther 10,31), schreibt Paulus. Ganz schön steil, finde ich. Aber auch eine schöne Herausforderung. Der Vers bedeutet auch, dass es nicht die wichtigste Frage ist, ob ich morgen Döner oder Pizza esse. Lieber möchte ich mir darüber Gedanken machen, was meiner Seele guttut. Und über die Frage nachdenken, wieso trotz genug Essen auf der Welt so viele Menschen hungern ...

 **Jetzt wird's praktisch!**
Zehn biblisch inspirierte Selbstversuche zum Thema Essen & Trinken

► Erinnere dich einen Tag mal bei jedem Schluck Trinken und jedem Bissen Essen daran, Gott dafür zu danken. Genieße sein Geschenk an dich!

- Faste mal eine Zeit lang. Entweder verzichte auf eine Sache, die du gerne magst (Rosenkohlfasten meine ich also nicht). Oder du isst einen Tag mal gar nix. (Das solltest du aber mit deinen Eltern und eventuell auch deinem Arzt abstimmen.) Versuche die Zeit, die du auf diese Weise sparst, bewusst mit Beten/mit Gott zu verbringen.
- Überlege dir, wen du mal zu einem Essen einladen könntest. Was könntest du Leckeres und Gesundes anbieten? Gastfreundlich zu sein ist übrigens zutiefst biblisch!
- Verzichte mal eine Woche lang auf Fleisch oder sogar komplett auf tierische Produkte. Wie schwer fällt dir das?
- Kaufe einem Obdachlosen eine Brezel, oder frag ihn, was er haben möchte. Geteiltes Essen schmeckt einfach besser.
- Achte mal eine Woche lang bewusst auf Produkte, die bio, regional oder fair gehandelt sind. Wo gibt's so was zu kaufen? Sind diese Sachen wirklich so extrem viel teurer? Probier sie mal. Schmeckt's?
- Informiere dich über die Themen „soziale Gerechtigkeit" und „Hunger". Zum Beispiel bei der Micha-Initiative (www.micha-initiative.de) oder einem Kinderhilfswerk.
- Verzichte mal einen Tag lang auf alle Produkte, in denen künstlicher Zucker drin ist (außer auf Obst – natürlicher Fruchtzucker ist erlaubt). Lies die Zutatenliste. Du wirst überrascht sein, wo überall Zucker drin ist! Dasselbe Experiment kannst du auch mal mit Fett machen.
- Hör mal in dich rein. Wonach verlangt dein Inneres? Welche Bedürfnisse hast du, die du mit Schokolade oder Chips nicht stillen kannst? Wie kannst du deine Seele gut versorgen? Und wie kann Jesus dir dabei helfen?
- Sammle Geld und spende es an eine Organisation, die sich den Kampf gegen Hunger auf ihre Fahnen geschrieben hat (zum Beispiel das Hilfswerk „Brot für die Welt").

Eine biblische Geschichte zum Thema „Du wirst versorgt!"
Essensplanung mit Jesus

„Darum sage ich euch: Macht euch keine Sorgen um euren Lebensunterhalt, um Nahrung und Kleidung! Bedeutet das Leben nicht mehr als Essen und Trinken, und ist der Mensch nicht wichtiger als seine Kleidung?

Seht euch die Vögel an! Sie säen nichts, sie ernten nichts und sammeln auch keine Vorräte. Euer Vater im Himmel versorgt sie. Meint ihr nicht, dass ihr ihm viel wichtiger seid?

Und wenn ihr euch noch so viel sorgt, könnt ihr doch euer Leben um keinen Augenblick verlängern.

Weshalb macht ihr euch so viele Sorgen um eure Kleidung? Seht euch an, wie die Lilien auf den Wiesen blühen! Sie mühen sich nicht ab und können weder spinnen noch weben.

Ich sage euch, selbst König Salomo war in seiner ganzen Herrlichkeit nicht so prächtig gekleidet wie eine von ihnen.

Wenn Gott sogar die Blumen so schön wachsen lässt, die heute auf der Wiese stehen, morgen aber schon verbrannt werden, wird er sich nicht erst recht um euch kümmern? Vertraut ihr Gott so wenig?

Macht euch also keine Sorgen und fragt nicht: ‚Werden wir genug zu essen haben? Und was werden wir trinken? Was sollen wir anziehen?'

Nur Menschen, die Gott nicht kennen, lassen sich von solchen Dingen bestimmen.

Euer Vater im Himmel weiß doch genau, dass ihr dies alles braucht.

Setzt euch zuerst für Gottes Reich ein und dafür, dass sein Wille geschieht. Dann wird er euch mit allem anderen versorgen.

Deshalb sorgt euch nicht um morgen – der nächste Tag wird für sich selber sorgen! Es ist doch genug, wenn jeder Tag seine eigenen Schwierigkeiten mit sich bringt."
Matthäus 6,25–34

Das 13-Uhr-Gebet

Für dieses Gebet kannst du einfach den Kühlschrank aufmachen, in die Vorratskammer gehen oder in einen Supermarkt. Und so geht's:

1. Suche dir ein Produkt aus, das du magst.
2. Danke und lobe Gott für das Gute an diesem Produkt.
3. Danke Gott für alles, was man mit diesem Produkt Tolles machen kann.
4. Danke Gott für alle Menschen, die an der Produktion und dem Transport dieses Produktes beteiligt waren. Bete für sie.
5. Bete dafür, dass mehr Menschen auf der Welt bezahlbaren Zugang zum Essen haben.

Beispiel: Banane
Danke, Gott, dass du die Bananen erfunden hast. Sie haben nicht nur eine coole Farbe und Form, sondern schmecken auch schön süß. Danke, dass sie mich satt machen und mir so gut schmecken.

Danke, Gott, für Bananen-Eis, Bananen-Milch, gebackene Banane, Schoko-Banane, Bananen-Joghurt ...

Danke, Gott, für den Bauern, der die Bananenstaude gepflanzt, bewässert und gepflegt hat. Danke für die Erntehelfer. Danke für alle LKW-Fahrer, Schiffs- oder Flugzeugkapitäne und die Verkäufer, die es ermöglicht haben, dass ich jetzt diese Banane essen kann. Segne sie und ihre Familien.

Gott, ich bitte dich für die Menschen, die hungern und gerne Bananen hätten. Hilf ihnen, und hilf mir, diese Welt gerechter zu machen.

Amen.

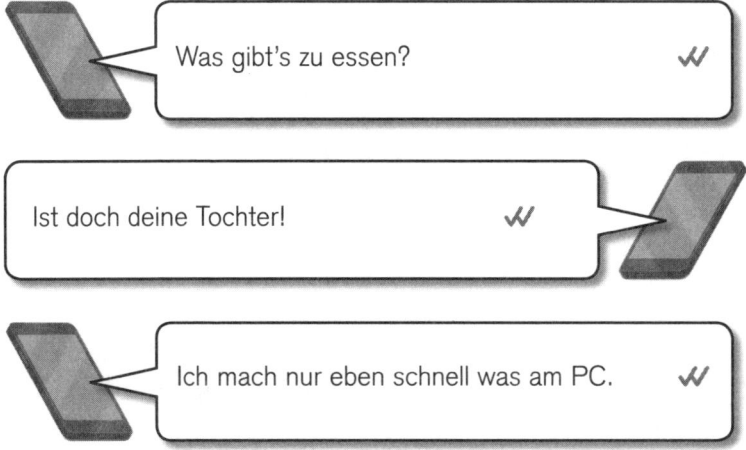

ÜBERALL NUR VOLLPFOSTEN!?

WIE DU MIT SCHWIERIGEN MENSCHEN UMGEHEN KANNST

Funny! 😄

Folgende Sprüche nerven Frauen am meisten, wenn ihre Männer sie raushauen:

> Was gibt's zu essen?

> Ist doch deine Tochter!

> Ich mach nur eben schnell was am PC.

Folgende Sprüche nerven Männer am meisten, wenn ihre Frauen sie sagen:

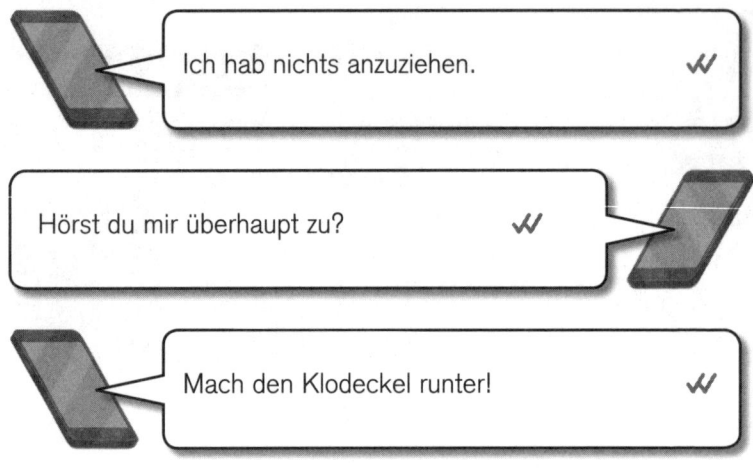

Nur in meinem Kopf ...

Er heißt Kevin. Okay, mit diesem Namen hat man es echt schwer. Aber Kevin ist auch echt so ein richtiger ... Kevin. Er sitzt in der Schule schräg vor mir. Alles, was er tut, ist entweder peinlich, nervig, gemein oder einfach nur doof! Der Lehrer fragt: „Wer kann mir ein Funkstromkabel holen?" Und Kevin schreit: „Hier!" Wer rülpst laut im Unterricht? Kevin! Wer haut erst zu und denkt dann? Kevin! Wer versaut dir das Gespräch mit der hübschen Anna? Kevin! Wer hört viel zu laut Hip-Hop? Kevin! Wer riecht nach Schweiß? Kevin! Oh Mann, ich frag mich, wie der Typ im Leben mal klarkommen soll. Welche Frau will den tatsächlich mal haben? Welcher Chef wird den mal einstellen wollen? Ab und an sieht Kevin echt traurig und deprimiert aus. Kann ich auch irgendwie verstehen. Oh Mann, hab ich jetzt etwa Mitleid mit diesem Loser? Die Einzige, die nett zu Kevin ist, ist Frau Kontermann. Egal, wie nervig und fies Kevin ist: Unsere Biolehrerin bleibt ruhig, ermutigt ihn und nimmt sich für ihn Zeit. Sie sagt dann so Sachen wie: „Alle Menschen haben eine Würde."

Und ich frage mich: „Kevin auch?"

Der 14-Uhr-Bibelvers

Seid euch der eigenen Schwachheit bewusst und begegnet den anderen freundlich, habt Geduld miteinander und ertragt euch gegenseitig in Liebe. *Epheser 4,2;XX*

Impuls

Bist du schnell genervt? Ja? Ich auch! Und was nervt dich an Menschen besonders? Mich nerven zum Beispiel Menschen, die sich bei allem viel Zeit lassen und trödeln. Da könnte ich ... 😦 Besonders genervt bin ich, wenn die Dinge anders laufen, als ich sie geplant habe. Wenn ich meine Ruhe haben will – und einer mäht gerade seinen Rasen. Genervt bin ich auch, wenn ich rede und mir dauernd jemand ins Wort fällt. Wenn ich die Wand gerade schön frisch weiß angemalt habe und jemand nicht richtig mit Ketchup umgehen kann ... Und dann gibt es Menschen, die mich *ganz besonders* nerven. Oft sind es Familienmitglieder und sogar Freunde von mir. Sie nerven mich, wenn sie immer den gleichen schlechten Witz reißen oder immer die Tür offen stehen lassen, oder manchmal auch nur, weil sie einfach da sind.

Ja, es gibt eine Menge Nervensägen in meinem Leben. Manchmal weiß ich gar nicht so genau, warum mich dieser

Mensch gerade nervt. Aber dann wird mir klar: Ich nerve meine Umgebung auch manchmal!

Was denkst du: Wie oft stehen die Worte „Nerven" oder „genervt sein" in der Bibel? Ich habe sie an keiner einzigen Stelle gefunden. Gibt es dann also in der Bibel gar keine genervten und ungeduldigen Leute? Oh doch! Die Bibel ist voll von Menschen, die sich gegenseitig auf die Nerven gegangen sind, die sich nicht ausstehen konnten, die sich gestritten haben:

▶ Kain hasst seinen Bruder Abel so sehr, dass er ihn schließlich erschlägt (1. Mose 4). Der Grund: Neid!

▶ Gott ist von den schlechten Taten der Menschen so genervt, mehr noch: so *angewidert*, dass er eine Sintflut schickt (1. Mose 7–8).

▶ Die Hirten von Abraham und seinem Neffen Lot streiten sich um Weideland, sodass die beiden sich schließlich trennen (1. Mose 13).

Und so könnten wir das Alte Testament weiter durchgehen. Und wie sieht's im Neuen Testament aus? Da geht es munter weiter:

▶ Die Jünger streiten sich darüber, wer der Größte unter ihnen ist (Lukas 22,24).

▶ Jesus ist von seinen Jüngern genervt, weil sie einfach nicht verstehen, wer er ist und was durch ihn an Wundern passiert (Matthäus 16,9).

▶ Der Apostel Paulus und sein Mitstreiter Barnabas streiten sich so sehr, dass sie am Ende verschiedene Wege gehen (Apostelgeschichte 15,39).

Du merkst also: Die Bibel ist voll von schwierigen Menschen. Von Menschen, die sich streiten. Von Menschen mit Beziehungsproblemen. Und ich bin ehrlich: Das gefällt mir. Denn die Bibel ist ein Lebensbuch. Nervige Menschen, Ungeduld und Streit gehören zu unserem Leben dazu. In der Bibel gibt es einen Ort, an dem es keinen Streit gibt. Ganz am Anfang der Bibel und ganz am Ende der Bibel wird er erwähnt: das Paradies beziehungsweise der Himmel. Hier auf der Erde gibt es kein perfektes Miteinander, keine perfekten Beziehungen. Auch nicht unter Christen. Wir Christen sind genauso nervig, neidisch, fies und streiten uns wie alle anderen Menschen. Menschen mit Macken, Menschen wie Kevin, gehören zu dieser Welt. Es ist normal, dass in einer defekten Welt Menschen mit Defekten leben.

Wie lebt man nun mit unperfekten Menschen? Mit Nervensägen, mit Menschen mit Macken?

So, wie Stachelschweine zusammenleben.

Hast du dich schon mal gefragt, wie Stachelschweine sich paaren? Das Problem ist ja, dass sie überall fiese, piksende Stacheln haben. Wie sollen sie da Liebe machen, ohne dem anderen wehzutun!? Der Pastor John Ortberg hat sich in einem seiner Bücher („Jeder ist normal, bis du ihn kennenlernst") mit dieser spannenden Frage beschäftigt. Und herausgefunden: Stachelschweine tanzen miteinander. Sie richten sich auf, berühren ihre Vorderpfoten und zeigen sich gegenseitig ihre ungeschützte Bauchseite. (Vom „Zeigen" zeugt man natürlich keine Kinder, sie berühren sich auch, klar ... 😊)

Dieses Bild vom Tanz der Stachelschweine kann uns auf gute Ideen bringen, wie wir mit nervigen Menschen zurechtkommen können. Hier ein paar Gedanken:

► Wenn ich mit einer schwierigen Person zurechtkommen muss, dann muss ich mit ihr „tanzen": Ich sollte bereit sein, sie näher kennenzulernen. Ich sollte auch bereit dazu sein, sie mit Wohlwollen anzuschauen.

- Zum Tanzen mit einem Stachelschwein gehört es, die Angst vor den Stacheln zu verlieren. Zur Begegnung mit einem anderen Menschen gehört es, mich ein Stück weit auch verletzlich zu machen. Und dass ich vergeben lerne, wo andere mich verletzt haben.

- Bevor ich „tanze", also mich dem anderen nähere, muss ich die Seiten an ihm entdecken, die nicht stachelig sind. Also die guten Seiten. Und die hat jeder.

- Beide Stachelschweine müssen sich gegenseitig ihre schwachen und schönen Seiten zeigen – und dürfen sich nicht hinter ihren gefährlichen Stacheln verstecken. Wenn wir Menschen miteinander gut umgehen wollen, dann müssen wir es genauso machen: Wir müssen uns gegenseitig unsere schwachen Seiten zeigen, und auch das, was uns liebenswert macht. Denn das hilft uns, uns gegenseitig besser zu verstehen. Wenn sich jeder von uns aber hinter seinen eigenen „Stacheln" versteckt, einen auf „cool" macht und den anderen nicht an sich ranlässt, dann ist eine gute Begegnung zum Scheitern verurteilt. Dann wird der andere immer nervig, blöd usw. bleiben.

Jesus bietet uns sehr gute Hilfen an, wie wir mit anderen Menschen umgehen können. Hier die besten drei:

Vergebung
All mein Ärger, mein Genervtsein, meine Wut über eine bestimmte Person kann ich im Gebet zu Jesus bringen. (Siehe auch 14-Uhr-Gebet.) Es ist hilfreich, einen Freund/eine Freundin zu haben, mit dem/der ich zusammen beten kann und der/die mir die Vergebung Gottes zuspricht.

Klare Kommunikation

Jesus hat nicht alles durchgehen lassen. Er hat klar gesagt, wenn Menschen Grenzen überschritten haben oder wenn er seine Ruhe brauchte.

Setze klare Grenzen. Aber frage dich dabei immer: Will ich dem anderen nur die Meinung sagen oder meine ich es wirklich gut mit ihm?

Dankbarkeit und Gebet

John Ortberg nennt die schwierigen Menschen in seiner Umgebung „Gnadentrainer". Denn sie trainieren ihn, gnädiger zu sein.

Danke Gott für das Gute in den schwierigen Menschen, denen du begegnest. Versuche, sie zu verstehen, und bete für sie. Das ist gut für sie und deine Einstellung ihnen gegenüber.

Jetzt wird's praktisch!
Teste dich selbst!

Wie gehst du im Alltag mit anderen um? Wie reagierst du, wenn andere dich nerven? Mach den Test!

❶ Vor dir an der Supermarktkasse scannt die Auszubildende jedes Produkt im Zeitlupentempo. Du hast einen dringenden Termin. Was tust du?

   a) Du schreist sie an, dass sie sich beeilen soll, sonst würdest du das neu erworbene Küchenmesser schnell mal anwenden. **(3)**

   b) Du betest für sie, ermutigst sie: „Das machst du toll!" Du erzählst ihr, dass bei Gott die Letzten die Ersten sein werden. **(1)**

c) Du nutzt die Zeit zum Reden mit Jesus – und betest für sie. Du bleibst freundlich und bist dankbar, dass überhaupt jemand diesen Job macht. **(2)**

2 **Dein Bruder hat schon wieder die Klotür offen gelassen, während er sein großes Geschäft macht. Du hast ihm schon oft gesagt, dass dich das stört. Was tust du?**

a) Du schließt leise die Tür, machst eine Duftkerze im Flur an, kniest dich hin und betest für ihn. Wenn er rauskommt, sagst du nichts. **(1)**

b) Du schließt demonstrativ und laut die Tür. Du sagst bestimmt, aber ruhig, dass es schon wieder passiert ist und dass dich das ärgert und traurig macht. Dann bittest du deine Eltern, in dem Streit zu vermitteln. **(2)**

c) Du drehst heimlich ein Video von ihm und lädst es sofort bei YouTube und Facebook hoch. **(3)**

3 **Kevin, dein nerviger Schulkamerad, läuft dir die ganze Pause hinterher und fragt, ob er was von deiner Cola haben kann. Wie reagierst du?**

a) Du schüttest ihm die Cola über, nennst ihn eine Nervensäge und schubst ihn in den Ameisenhaufen. **(3)**

b) Du gibst ihm einen Schluck von deiner Cola, sagst aber, dass du jetzt mal etwas Zeit für dich haben möchtest, und empfiehlst ihm andere Schüler, mit denen er rumhängen kann. **(2)**

c) Du schenkst ihm deine ganze Cola-Flasche, drückst ihn und erklärst ihm, wie wichtig er Gott ist und dass Gott alle Menschen liebt. **(1)**

4 **Deine Mutter sitzt hinterm Steuer und beschimpft den langsamen Autofahrer vor euch. Was machst du?**

a) Du versuchst, deine Mama abzulenken oder dir was Lustiges auszudenken, warum die Person gerade langsam fährt. Wenn sie das nur wütender macht, bete und schweige. **(2)**

b) Du kurbelst das Fenster runter und zeigst deinen Mittelfinger. Gleichzeitig schimpfst du mit, und ermutigst deine Mutter, zu hupen und dichter aufzufahren. **(3)**

c) Du sagst laut: „Geist des Genervtseins, weiche!", und legst deiner Mama dabei die Hand auf. Du betest laut für den armen Fahrer vor euch und bittest Gott für deine Mutter um Vergebung. **(1)**

❺ Gott hat dein Gebet um eine bessere Note nicht erhört. Was tust du?

a) Du bittest Gott für dein selbstsüchtiges Gebet um Vergebung. Und du betest: „Gott, mach, dass alle bessere Noten haben als ich." **(1)**

b) Du sagst Jesus deinen Frust über das unerhörte Gebet und dankst ihm dann für andere gute Sachen in deinem Leben. Und du nimmst dir vor, das nächste Mal doch etwas mehr zu lernen. **(2)**

c) Du zerreißt Seiten deiner Bibel und schreist: „Mein Gott, warum hast du mich verlassen?" Danach schwörst du, nie wieder zu beten, und suchst bei Google nach einer Atheisten-Vereinigung. **(3)**

Auflösung

5–7 Punkte: Du bist wirklich unglaublich kontrolliert und von Gottes Liebe erfüllt. Allerdings ist es auch wichtig, seinen Gefühlen Ausdruck zu verleihen. Schön, dass du Gott so in dein Leben einbeziehst. Manches kann für andere allerdings auch befremdlich oder abstoßend wirken.

8–11 Punkte: Du bist recht normal. Meistens hast du dich unter Kontrolle und kannst mit Konflikten konstruktiv gehen. Überlege ruhig, wie du noch gnädiger und geduldiger werden kannst.

12–15 Punkte: Du bist ein sehr emotionaler Mensch. Dir fällt es schwer, andere anzunehmen. Du solltest mal darüber nachdenken, ob deine Gewaltbereitschaft nicht professionelle Hilfe braucht. Gott muss da wohl noch einiges tun. Aber auch du bist kein hoffnungsloser Fall!

Eine biblische Geschichte zum Thema „Nervensägen"

Wie Jesus mit quengelnden Kindern umgeht

Einige Eltern brachten ihre Kinder zu Jesus, damit er ihnen die Hände auflegte. Aber die Jünger fuhren sie an und wollten sie wegschicken.

Als Jesus das merkte, war er empört: „Lasst die Kinder zu mir kommen und haltet sie nicht zurück, denn Menschen wie ihnen gehört Gottes Reich.

Ich versichere euch: Wer sich Gottes Reich nicht wie ein Kind schenken lässt, der wird ganz sicher nicht hineinkommen."

Dann nahm er die Kinder in seine Arme, legte ihnen die Hände auf und segnete sie.

Markus 10,13–16

Das 14-Uhr-Gebet
Das Gebet eines Genervten

Ach, Jesus, es gibt diese Menschen, die mich nerven und mit denen ich einfach nicht zurechtkomme. Weshalb bin ich mit ihnen umgeben? Weshalb erlöst du mich nicht? Der Streit und die andauernden Konflikte machen mich müde.

Und ich ahne, dass ich auch Fehler mache und hartherzig bin. Bitte vergib mir. Nimm mein hartes Herz und schenke mir ein gnädigeres, das das Gute im Menschen sieht.

Jesus, schenke mir deinen klaren und liebenden Blick für die Leute in meinem Umfeld.

Ich danke dir für jeden aus meiner Familie und meiner Freunde, mit denen ich gut zurechtkomme. Und ich danke dir auch für die schwierigen Typen, denn ich kann durch sie etwas lernen.

Herr, verändere du die Macken der Nervensägen um mich herum. Aber bitte verändere besonders mein Herz. Schenke mir Geduld, Gnade und Liebe.

Amen.

DIE LETZTE SCHULSTUNDE: RELI

DIE WELTRELIGIONEN UND JESUS

Vier Fun Facts zum Thema Religion

Die jamaikanischen **„Rastafaris"** sind aus dem Christentum hervorgegangen. Sie lehnen Alkohol ab, kiffen aber dafür sehr viel.

≈

Als Protest gegen Religion hat eine Gruppe die **„Kirche des fliegenden Spaghettimonsters"** gegründet. Für sie ist jeglicher Gott nur eine Einbildung. Sie nenne sich „Pastafaris".

≈

Der Jediismus hat die **„Jedi-Religion"** aus den Star-Wars-Filmen zum Vorbild. Sie glauben an „die Macht" und haben einen eigenen „Jedi-Kodex".

≈

Gleich mehrere Vereinigungen haben sich rund um den **„UFO-Glauben"** gebildet. Sie integrieren Außerirdische in ihre Lehre. Auch Jesus oder Buddha haben hier außerirdischen Ursprung.

Nur in meinem Kopf ...

Mein Kopf ist nach sieben Schulstunden eh nur noch Brei. Und jetzt auch noch „Reli"! Heute geht es um die verschiedenen Weltreligionen. Fünf Leute sollen jeweils in fünf Minuten werbend eine Religion darstellen. Gerade erklärt Tim mit einem Riesen-Buddha in der Hand, warum der Buddhismus angeblich die wahre Religion des Friedens ist. Anna hat sich vorher beim Islam etwas blamiert, weil sie anstatt „Moslems" immer „Islamisten" gesagt hat. Das habe ich, ehrlich gesagt, ganz schön gefeiert. Gleich bin ich dran und soll das Christentum vorstellen. Eigentlich eine coole Chance, über Jesus zu sprechen. Aber ich merke, dass ich unsicher bin. Kann ich das echt so sagen, dass die Sache mit Jesus die einzige richtige Religion ist? Sind alle anderen dann falsch? Was ist, wenn die anderen dann gleich wieder die Kreuzzüge und den sexuellen Missbrauch bei Priestern zum Thema machen?

Warum gibt es nicht einfach eine große Weltreligion, wo alle an dasselbe glauben?

Jetzt bin ich dran. Ich gehe nach vorne und mache erst mal einen auf dicke Hose: „Tja, kommen wir also zur größten Weltreligion. Über zwei Milliarden Menschen glauben an Jesus ..." Die Masse muss ja recht haben, oder!?

Der 15-Uhr-Bibelvers

Jesus spricht: „Ich bin der Weg und die Wahrheit und das Leben; niemand kommt zum Vater denn durch mich!"
Johannes 14,6; LU

Impuls

Also, ich finde dieses Thema echt schwierig und herausfordernd. Ich stecke in einem Zwiespalt. Natürlich will ich Menschen, die nicht an Jesus glauben, respektieren – und ich kenne wundervolle Moslems und Atheisten! Doch zugleich bin ich von Jesus, meinen Erfahrungen mit ihm und seiner Lehre total überzeugt. Mich überzeugt ein friedlicher Wanderprediger als Religionsstifter mehr als ein Kriegsherr. Die Gnade in der Lehre von Jesus finde ich anziehender als Gesetzlichkeit. Die Würde aller Menschen ist für mich überzeugender als die Einteilung in höher stehende und niedrig stehende Menschen – wie es das „Kastensystem" im buddhistischen Indien zeigt. Und die Vorstellung, dass alles nur Zufall und wissenschaftlich erklärbar ist, überzeugt noch nicht einmal mehr die Wissenschaftler selbst.

Wie Jesus mit Andersgläubigen umging

Wie so oft, wenn ich Sachen schwierig finde, schaue ich mir Jesus an. Wie ging er mit Andersgläubigen um? Jesus lebte in einer Umgebung, in der größtenteils Juden ansässig waren. Er selbst gehörte zu dieser Religion und praktizierte sie auch. Aber er traf auch immer wieder auf andere Glaubensrichtungen. Die Samariter zum Beispiel, die eine Sonderlehre des Judentums vertraten, und die Römer, die an eine Vielzahl von Göttern glaubten. Verurteilte Jesus den Glauben anderer? Nein! Jesus verurteilte nur religiöses Verhalten. Er legte sich mit den Pharisäern an, die die jüdischen Gesetze über das Gebot der Liebe zu anderen Menschen gestellt hatten. Jesus stritt mit ihnen und entlarvte ihre harten Herzen. Eins machte Jesus aber stets sehr deutlich: dass er zu seinem Glauben stand, zu seinem Auftrag, seinem Vater, seinen Erfahrungen, seiner Erlösungskraft … Der Bibelvers oben macht das sehr klar. Jesus ist DER Weg zu Gott und damit zum Himmel. Diese Botschaft provoziert natürlich – auch heute.

Ist der Glaube in anderen Religionen nur Einbildung?

Was ist mit den Gotteserfahrungen, die Moslems, Juden, Buddhisten, Hinduisten usw. machen? Bilden die sich alles nur ein?

Meine erste Antwort ist: Ich kann es dir nicht genau sagen. Aber ich persönlich glaube, dass es zwei Kräfte gibt, die in dieser Welt wirken: die gute göttliche Kraft, die das Gute für den Menschen will und das Leben möchte – die Jesus-Kraft. Und die böse Kraft, die Menschen klein machen will und den Tod und die Unfreiheit fördert. Ich glaube, dass beide Kräfte für alle Menschen in irgendeiner Weise erlebbar sind. Sicher erkennen auch Anhänger anderer Religionen Teile der Jesus-Kraft, und bestimmt ist in manchen Religionen auch die „böse Kraft" zu finden. Jesus steht für mich für die pure göttliche Kraft, die den Tod besiegt hat. Jede Religion, die Menschen zu Gewalt, Ausgrenzung, Zwang oder innerer Kälte führt, ist nicht göttlich. Und gegen diese Form von Religion hat Jesus den Mund aufgemacht – und wir sollten das auch tun.

Steh zu deinem Glauben als Christ!

Meine und deine Aufgabe als Christ ist es nicht, andere Religionen zu bekämpfen, sondern selbstbewusst zu unserem Glauben zu stehen. Dabei brauchen wir keine Angst zu haben, uns mit anderen Religionen zu beschäftigen, oder davor, mit Andersgläubigen zu reden. Der Besuch einer Moschee oder einer Synagoge wird dir dein Christsein nicht nehmen. Wichtig ist, dass du innerlich sensibel bist für die Unterscheidung zwischen göttlicher Kraft und destruktiver Kraft. Denn leider vernebeln viele Religionen auch die Botschaft von Jesus. Da wird Jesus entweder nur als Prophet dargestellt oder als einer von vielen möglichen Wegen, die man gehen kann. So was kann ich respektvoll hören, aber es passt nicht zur Bibel und zu meinem Glauben. Bevor du in andere Religionen „abtauchst", solltest du wissen, welchen Glaubensstandpunkt du hast, woran du glaubst – was dich überzeugt.

Wie Jesus Moslems verändert

Ich persönlich habe in letzter Zeit viele Geschichten gelesen und gehört, in denen das Leben von Menschen, die nicht an Jesus glaubten, positiv umgekrempelt wurde – durch eine Begegnung mit Jesus. Was ich interessant finde, ist, dass viele Moslems davon berichten, dass ihnen Jesus im Traum erschienen ist.

Ich mag besonders die Geschichte von Yassir Eric. Yassir war im Sudan bereits als Achtjähriger in eine islamistische Koranschule gegangen, in der ihm der Hass auf Christen und Juden eingeimpft wurde. Einmal hat er mit anderen zusammen einen Mann halb tot geschlagen, nur weil dieser Christ war. Doch dann erlebte Yassir, wie ein Onkel von ihm Jesus kennenlernte, und erfuhr nach einem Gebet zu Jesus eine körperliche Heilung. Yassir spürte die Kraft der Vergebung und legte den Hass ab. Heute setzt er sich nicht etwa gegen den Islam, sondern für eine respektvolle Begegnung mit Moslems ein. (Mehr über Yassir kannst du in seinem Buch „Hass gelernt, Liebe erfahren" lesen.)

Jesus wirkt auch in anderen Religionen

Und zum Thema „andere Religionen" fällt mir noch Paulus ein, der erste große Missionar, der einige Jahre nach dem Tod von Jesus durch Europa reiste und auch nach Athen kam. Dort wurden in dieser Zeit sehr viele verschiedene Götter verehrt. Bei seiner Predigt mitten auf dem „Platz der Gelehrten", dem Areopag, verurteilte Paulus nicht etwa die Götter, an die die Athener glaubten, sondern sprach von „dem Altar des unbekannten Gottes", den er gesehen hatte. Die Menschen in Athen wollten damals auf Nummer sicher gehen und hatten auch einen Altar für die Götter aufgestellt, die sie nicht kannten. Gekonnt erklärte Paulus den Athenern nun, dass sie Jesus im Grunde schon verehrten – und wie wichtig dessen Botschaft für sie ist. Das gefällt mir, wie Paulus das gemacht hat. Er musste ihnen Jesus nicht erst nach Athen bringen, sondern zeigte ihnen, wo Jesus schon wirkte. Und dann erzählte Paulus ihnen vom Gott der Bibel und davon, dass er alle Menschen geschaffen hatte und sich zutiefst danach sehnte, jedem von ihnen zu begegnen.

Wir können, genauso wie damals der Apostel Paulus, für andere Menschen zum Reiseführer werden: ihnen erklären, wo wir Gottes Wirken in ihrem Leben sehen. Und sie dann liebevoll einladen zu einem Leben mit Jesus. Bist du dabei?

Jetzt wird's praktisch!
Zehn Schritte der Vorbereitung für die Begegnung mit einem Andersgläubigen

➊ Entspann dich. Du musst den christlichen Glauben nicht verteidigen, das kann Jesus schon ganz gut selbst. Du musst auch niemanden aus dir heraus überzeugen. Deine Aufgabe ist es auch nicht, den anderen von seinem Glauben abzubringen.

➋ Bete für den Menschen. Das ist immer gut, weil es in dir Liebe erzeugt und dem anderen auch guttut.

3 Überlege (vielleicht mit anderen zusammen), weshalb du dem christlichen Glauben angehörst. Was überzeugt dich? Was hast du schon mit Gott erlebt? Welche rationalen Gründe für den Glauben an Jesus gibt es? (Siehe auch www.begruendet-glauben.org. Empfehlenswert finde ich auch das Buch „Der Fall Jesus – für Teens", in dem sich der Autor Lee Strobel, anfangs Atheist, auf Spurensuche begibt und die Wahrheit über das Christentum herausfinden will. Inzwischen gibt es auch eine gleichnamige DVD – die Verfilmung des Buches.)

4 Informiere dich über die Religion, den Glauben deines Gesprächspartners.

5 Höre zu und stelle Fragen. Versuche zu verstehen, was ihn bewegt.

6 Erzähle zuerst klar, deutlich und begeistert von deinen Erfahrungen – und erst dann auch von deinen Argumenten.

7 Vielleicht sind Worte gar nicht so überzeugend. Wenn es passt, bete mit der Person, bete um Heilung oder nimm sie mit zu einer christlichen Veranstaltung (Konzert, Jugendgruppe ...).

8 Diskutiere nicht zu lang über spezielle Themen wie Kreuzzüge, Islamisten, sexuellen Missbrauch in Kirchen usw. Denn dabei kann man schön vom persönlichen Glauben ablenken, um den es ja eigentlich geht.

9 Macht Deals miteinander. Lade ihn in den Gottesdienst ein und geh dafür mit zu seiner Veranstaltung. Schenke ihm eine Bibel und leih dir sein religiöses Buch. Verabredet euch zum Drüber-Reden.

10 Bleibe *immer* (!) respektvoll zu deinem Gesprächspartner. Auch wenn er dir deinen Glauben abspricht oder Jesus beleidigt.

Eine biblische Geschichte über die Begegnung mit Andersgläubigen

Paulus erzählt den Athenern vom unbekannten Gott

Über Paulus und sein Zusammentreffen mit den Menschen, die dem *griechischen Götterglauben angehörten, hast du ja schon gehört. Hier liest du, was genau er auf dem Areopag zu den Menschen sagte – und wie die Menschen darauf reagierten ...*

„Athener! Mir ist aufgefallen, dass ihr euren Göttern mit großer Hingabe dient; denn als ich durch eure Stadt ging und mir eure Heiligtümer ansah, da habe ich sogar einen Altar gefunden, auf dem stand: ‚Für einen unbekannten Gott‘.

Diesen Gott, den ihr verehrt, ohne ihn zu kennen, möchte ich euch nun bekannt machen. Es ist der Gott, der die Welt und alles, was in ihr ist, geschaffen hat. Er wohnt nicht in Tempeln, die Menschen gebaut haben. Er braucht auch nicht die Hilfe irgendeines Menschen; schließlich ist er es, der allen das Leben gibt und was zum Leben notwendig ist. Aus dem einen Menschen, den er geschaffen hat, ließ er die ganze Menschheit hervorgehen, damit sie die Erde bevölkert.

Das alles hat er getan, weil er wollte, dass die Menschen ihn suchen. Sie sollen mit ihm in Berührung kommen und ihn finden können. Und wirklich, er ist jedem von uns so nahe!

Weil wir nun von Gott abstammen, ist es unsinnig zu glauben, dass wir Gott in Statuen aus Gold oder behauenen Steinen darstellen könnten. Diese sind doch nur Gebilde unserer Vorstellungen.

Bisher haben die Menschen das nicht erkannt, und Gott hatte Geduld mit ihnen. Aber jetzt befiehlt er allen Menschen, zu ihm umzukehren.

Denn der Tag ist schon festgesetzt, an dem Gott alle Menschen richten wird; ja, er wird ein gerechtes Urteil sprechen, und zwar durch einen Mann, den er selbst dazu bestimmt hat. Er hat ihn darin bestätigt, indem er ihn von den Toten auferweckte."

Als Paulus von der Auferstehung der Toten sprach, begannen einige zu spotten, andere aber meinten: „Darüber wollen wir später noch mehr von dir hören."

Paulus verließ die Versammlung. Einige Leute schlossen sich ihm an und fanden zum Glauben.

Apostelgeschichte 17,22–34 (leicht gekürzt)

Das 15-Uhr-Gebet

Danke, Jesus, dass ich dich kennen darf und dich schon erlebt habe.

Danke für deine Botschaft von Gnade, Erlösung und Vergebung.

Danke dafür, dass das Christentum in den letzten Jahrzehnten größtenteils eine friedliche Religion geworden ist.

Danke für alle Christen in meinem Umfeld und in der Öffentlichkeit, die Gutes tun und die Welt positiv verändern.

Danke, Jesus, für die Bibel, die mir hilft, dich besser kennenzulernen und gut zu leben.

Danke, dass ich keine Angst haben muss, mit Andersgläubigen zu reden.

Danke, Jesus, für deine Liebe für ALLE Menschen!

WELCHES COMPUTERSPIEL WÜRDE JESUS ZOCKEN?

WAS TUN MIT DER FREIEN ZEIT?

**Welches PC- bzw. Handy-
Spiel würde Jesus zocken?**

Hier die besten Antworten auf meine Umfrage in den sozialen
Medien:

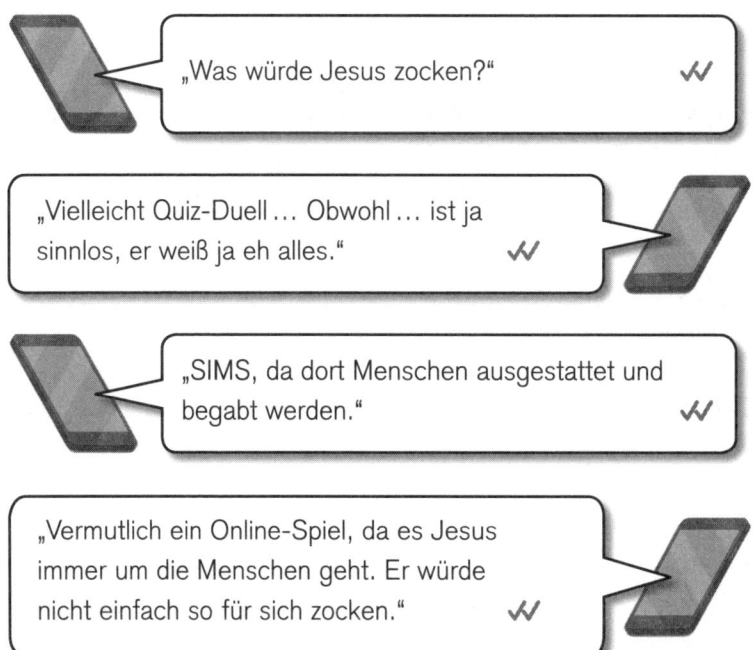

„Was würde Jesus zocken?"

„Vielleicht Quiz-Duell… Obwohl… ist ja
sinnlos, er weiß ja eh alles."

„SIMS, da dort Menschen ausgestattet und
begabt werden."

„Vermutlich ein Online-Spiel, da es Jesus
immer um die Menschen geht. Er würde
nicht einfach so für sich zocken."

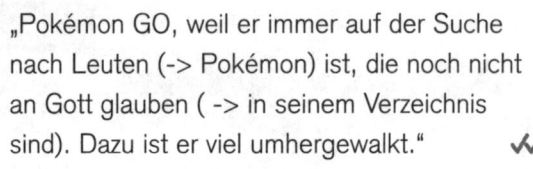

„Pokémon GO, weil er immer auf der Suche nach Leuten (-> Pokémon) ist, die noch nicht an Gott glauben (-> in seinem Verzeichnis sind). Dazu ist er viel umhergewalkt."

„SingStar, Worship-Edition."

„Minecraft, um den bösen Endgegner zu besiegen."

„Tetris. Er liebt es, alles in Ordnung zu bringen und ‚Klötze' abzubauen. Natürlich alles im Level 30 und an 5 Milliarden Geräten gleichzeitig."

Nur in meinem Kopf …

Ich liebe es, meinen Schulrucksack in die Ecke zu schmeißen. Endlich zu Hause! Und sooo schade, dass meine Eltern nicht da sind und ich die nächsten zwei Stunden sturmfrei habe. 😊 Erst mal den Akku vom Smartphone laden, den Fernseher anmachen und den PC hochfahren. Jetzt wird gezockt! Einfach nichts denken, mich nur berieseln lassen und mit geilen Autos Laternenpfosten umfahren.

Das war eigentlich mein Plan. Doch dann macht es laut „batsch" und gleichzeitig gehen der Fernseher und der PC aus. Mist!

Stromausfall. Katastrophe! Ich habe keine Ahnung, wo unser Sicherungskasten ist – und das Familientelefon ist natürlich auch tot. Und mein Smartphone noch nicht mal auf zwei Prozent geladen. Ich lege meinen Kopf auf die Tischplatte und seufze laut. Was soll ich denn jetzt machen??? Erst mal 'nen Toast essen. Ach nee. Hausaufgaben sind auch keine Option. Ein Buch lesen? Oder etwa rausgehen? Natürlich könnte ich die Flöte wieder rausholen und etwas üben ... Ach Mann, ich hab keine Ahnung. Mir ist sooooooo langweilig!!

Der 16-Uhr-Bibelvers

Meine Zeit steht in deinen Händen.
Psalm 31,16; LU

Impuls

Ich liebe meine Freunde für die kreativen Antworten oben! Glaubst du, dass Jesus zocken würde, wenn er heute leben würde? Wie viel Zeit würde er damit verbringen?

In diesem Kapitel geht es jedoch nicht darum, welche Spiele Christen spielen dürfen – und welche nicht –, sondern um die Frage: Was machst du mit der Zeit, besonders mit der freien Zeit, die du hast? Wenn du schon die 11-Uhr-Einheit gelesen hast, erinnerst du dich vielleicht an deinen Tageszeitplan. Womit verbringst du deine Zeit?

Jeder auf dieser Erde hat nur eine begrenzte Zeit zur Verfügung. Als Jugendlicher habe ich noch gedacht, dass ich unendlich viel Zeit habe, weil das ganze Leben noch vor mir lag. Mittlerweile habe ich schon fast die Hälfte hinter mir, und ich sehe deutlicher, dass meine Zeit irgendwann rum sein wird. Gott weiß, wann meine Zeit gekommen ist und ich sterben werde. Bis dahin sind alle verbleibenden Jahre, Monate, Stunden geschenkte Zeit.

Auch du hast eine Menge Zeit geschenkt bekommen. Wie viel es insgesamt ist, weißt du nicht. Aber du weißt, dass du an jedem neuen Tag wieder 24 Stunden geschenkt bekommst. Natürlich geht von dem 24-Stunden-Zeitkonto eine Menge ab für Dinge, die notwendig sind: schlafen, essen, Klogang, lernen, arbeiten usw. Aber es bleibt unterm Strich immer noch viel Zeit übrig. Und die ist ein Geschenk an dich. Anders als bei Geburtstagsgeschenken von Oma darfst du dieses Geschenk weiterschenken. Welcher Person oder welchen Dingen schenkst du etwas von deiner Zeit? Natürlich muss man sich selbst auch Zeit schenken; du brauchst Zeit zum Auftanken, Ausruhen, Nichtstun. Zeit für Hobbys (siehe auch 4 Uhr und 11 Uhr). Aber die Zeit ist auch dafür da, dass man sie weiterschenkt.

Ich will dir von zwei Frauen erzählen – nennen wir sie mal Erna und Berta. Sie haben beide lange zusammen auf einem Amt gearbeitet und sind gleichzeitig in Rente gegangen. Beide hatten keine große Familie mehr. Erna beschloss, ihren Lebenstraum zu verwirklichen, zog ans Meer und widmete sich endlich dem, was sie gern tat: Sie sammelte jeden Tag Muscheln am Strand. So zog Erna Tag für Tag los und freute sich an ihrer wachsenden Muschelsammlung. Berta hingegen hatte andere Pläne. Sie meldete sich bei einer Organisation, die in Afrika arbeitet, und fragte dort an, wie sie helfen könne.

Berta ging nach Tansania und arbeitete dort unter den Massai. Sie half in einem Kinderheim. Eines Nachts, bei einem Sturm, fiel ein Baum auf Bertas Hütte und sie war sofort tot.

Frage: Welche der beiden Geschichten ist trauriger und tragischer?

Meine Antwort: Ernas Geschichte macht mich trauriger! Ich mag es, Muscheln zu sammeln. Das kann in den Ferien mal ganz schön sein. Vielleicht haben drei Menschen auf der Welt ja auch den Auftrag von Gott bekommen, Muscheln zu seiner Ehre zu sammeln. Aber die Mehrheit der Leute sicherlich nicht.

Du bist nicht fürs Muscheln-Sammeln, Sofa-Gammeln oder PC-Spielen geboren. Nichts gegen ein Nickerchen oder eine Runde Zocken! Aber hast du Jesus schon mal gefragt, was du mit deiner geschenkten Zeit machen sollst? Wo er dich gerne haben will?

Hier mal ein paar Fragen an deinen Zeitvertreib:

1. Fördert das, was ich tue, die Beziehung zu anderen Menschen positiv?
2. Bringt mich das, was ich tue, näher zu Gott?
3. Brauche ich das, was ich tue, um meinen Auftrag im Leben gut auszuführen?
4. Bewahrt oder bebaut das, was ich tue, die Schöpfung?
5. Geht es meiner Seele danach wirklich besser, wenn ich mich damit beschäftigt habe?
6. Was sagen andere zu meiner Aktivität? Wie sinnig finden sie diese?
7. Könnte ich *ohne* das, was ich tue, genauso gut leben?

Ich checke die Sache mal mit einer meiner Lieblingsbeschäftigungen: Insta- oder Facebook-Durchscrollen:

❶ *Fördert das, was ich tue, die Beziehung zu anderen Menschen positiv?*

→ Ja, ich bekomme schon mehr von meinen Freunden (und vielen anderen) mit. Immer wieder kann ich in Gesprächen darauf aufbauen. Aber sinniger wäre es, die Zeit in direkten Kontakt mit ihnen zu investieren ...

❷ *Bringt mich das, was ich tue, näher zu Gott?*

→ Ab und zu schreiben Freunde was Inspirierendes – oder ich bete dabei für einige Leute.

❸ *Brauche ich das, was ich tue, um meinen Auftrag im Leben gut auszuführen?*

→ Eigentlich nicht.

❹ *Bewahrt oder bebaut das, was ich tue, die Schöpfung?*

→ Ähm, nee.

❺ *Geht es meiner Seele danach wirklich besser, wen ich mich damit beschäftigt habe?*

→ Hm ... nach ein paar Minuten find ich die Ablenkung noch ganz gut. Oft bin ich danach aber neidisch oder aufgewühlt.

❻ *Was sagen andere zu meiner Aktivität? Wie sinnig finden sie sie?*

→ Meine Freunde finden schon, dass ich viel am Handy hänge.

❼ *Könnte ich ohne das, was ich tue, genauso gut leben?*

→ Ja!

Als krasses Gegenbeispiel kannst du die Sache mal mit der Beschäftigung „Beten" durchspielen. Und dann mit irgendeinem deiner Hobbys oder einer deiner Freizeitbeschäftigungen ...

Noch mal: Ich habe nichts gegen Computerspiele oder dagegen, im Urlaub mal an einem Tag alle drei Hobbit-Filme am

Stück anzuschauen (wenn, dann aber die Extended Version!). Aber diese Welt braucht nichts dringender als lebendige junge Menschen, die Liebe in diese Welt bringen! Du und deine Gaben werden gebraucht. Chillen kann man im Himmel noch genug ... 😄

Jetzt wird's praktisch!
Zehn gute Impulse für deine Freizeit

▶ Gönn dir etwas, was deiner Seele guttut. Ein Eis in der Sonne. Einen coolen Song. Eine Runde Sport. Denn dabei tankst du Gottes Güte – und kannst sie besser an andere weitergeben.

▶ Plane Zeit mit Gott in deinen Alltag ein. Siehe auch → 11 Uhr.

▶ Such dir ein Ehrenamt: Sporttrainer für Kids, Kindergottesdienst, Technikteam in der Gemeinde, Mitarbeit bei der örtlichen „Tafel" ...

▶ Werde kreativ. Ob beim Fotos-Machen, Malen, Basteln, Schreiben, Musik-Machen ... Wenn du kreativ bist, kannst du darin Gott entdecken. Und erleben, wie Kunst und Musik andere Menschen inspiriert.

▶ Frage dich: Welche Menschen brauchen eine Ermutigung oder deine Zeit? Schicke ihnen eine Message. Besuche jemanden. Gehe lächelnd durch die Straße. Ruf jemanden an.

▶ Hilf im Haushalt mit. Ja, ja, das ist nicht sexy, aber das wird deine Beziehungen zu deiner Family auf jeden Fall verbessern!

▶ Verlass deine vier Wände. Sei es, um was Gutes zu tun oder um die Schönheit um dich herum zu entdecken.

- Wenn du viel zockst, schau dir mal die Gamer-Church an: → https://gamechurch.de
- Lies etwas Erbauendes. Es gibt so viele gute Bücher!
- Mach dir bewusst, dass Jesus dich auch dann liebt, wenn du deine Zeit scheinbar verplemperst.

Biblische Worte zum Thema Zeit
Kluge Gedanken von König Salomo

Alles, was auf der Erde geschieht, hat seine von Gott bestimmte Zeit:
geboren werden und sterben,
einpflanzen und ausreißen,
töten und Leben retten,
niederreißen und aufbauen,
weinen und lachen,
wehklagen und tanzen,
Steine werfen und Steine aufsammeln,
sich umarmen
und sich aus der Umarmung lösen,
finden und verlieren,
aufbewahren und wegwerfen,
zerreißen und zusammennähen,
schweigen und reden.
Das Lieben hat seine Zeit
und auch das Hassen,
der Krieg und der Frieden.
Was hat ein Mensch von seiner Mühe und Arbeit?
Ich habe die fruchtlose Beschäftigung gesehen, die Gott den Menschen auferlegt hat.
Gott hat für alles eine Zeit vorherbestimmt, zu der er es tut;

und alles, was er tut, ist vollkommen. Dem Menschen hat er eine Ahnung von dem riesigen Ausmaß der Zeiträume gegeben, aber von dem, was Gott in dieser unvorstellbar langen Zeit tut, kann der einzelne Mensch nur einen winzigen Ausschnitt wahrnehmen.
Prediger 3,1–11

Das 16-Uhr-Gebet

Jetzt darfst du selbst kreativ werden und einen Teil deiner freien Zeit damit füllen, selbst ein Gebet zu schreiben. (Gerne kannst du es mir mailen – siehe Adresse hinten im Buch.)

#BFF

WARUM FREUNDE SO WICHTIG SIND

Sechs (etwas kitschige) Status-Sprüche zum Thema Freundschaft

- Echte Freunde loben dich fürs Schwimmen, wenn du beim Segeln gekentert bist.

- Nichts ist willkommener als ein Freund zur rechten Zeit.

- Es heißt Freundschaft, weil man mit Freunden alles schafft!

- Ein Freund ist jemand, der dein Lächeln sieht, aber spürt, dass deine Seele weint.

- Ein wahrer Freund ist jemand, der genau so einen an der Klatsche hat wie du.

- Großzügigkeit ist das Wesen der Freundschaft.

Nur in meinem Kopf ...

Diese Frage ist zu schwer für mich. Ivonne fragt mich via WhatsApp, wer mein bester Freund ist. Puuuh!

Da gäbe es die fromme Antwort auf alle Fragen: Jesus. Aber sie meint vermutlich echte Freunde. Nun, da fällt mir als Erstes Anna ein. Aber in die bin ich gleichzeitig verliebt, das zählt dann wohl nicht. In der Grundschule war es immer der dicke Tobi. Der war immer gut drauf, wir liebten beide Lego und Chips. Aber seitdem wir auf unterschiedliche Schulen gehen, haben wir kaum noch Kontakt. Dann gibt es noch Arne, mein Nachbar. Wir haben nächtelang durchgemacht mit Flachwitzen und heimlich PC-Spielen. Aber Arne hat jetzt ein paar neue Freunde, die immer heimlich rauchen. Find ich nicht so geil. Oder der Silas aus der Jugendgruppe, mit dem kann man gut quatschen. Und wir haben einmal zusammen gebetet. Das tat gut. Aber der is halt nen bissl langweilig ... Oh Mann! Dass das so schwer ist! Braucht man überhaupt einen besten Freund? Kann man sich den nicht irgendwo mieten? Genervt schreibe ich Ivonne: Jesus 😜

Der 17-Uhr-Bibelvers

Jesus sagt: „Niemand hat größere Liebe als die, dass er sein Leben lässt für seine Freunde."

Johannes 15,13; LU

Impuls

Weißt du, wie sich Einsamkeit anfühlt? Einsamkeit ist etwas anderes als Alleinsein. Man kann in einer Gruppe von Menschen sehr leicht einsam sein. Oft denken Singles, dass man mit einem Partner *nicht* einsam sein kann. Komplett falsch! Gerade in Partnerschaften kann man sich echt einsam fühlen, sogar dann, wenn dein Partner direkt neben dir sitzt.

Ich kenne dieses Gefühl von Einsamkeit und vielleicht hast du es auch schon erlebt: wenn keiner deiner Freunde Zeit hat; wenn du den Eindruck hast, dass alle glücklich sind außer dir. Oder wenn du in eine neue Gruppe kommst und dich keiner wahrnimmt.

Einsamkeit kann gefährlich sein. Sie will dir die große Lüge eintrichtern: „Du bist es nicht wert, geliebt zu werden." Einsamkeit führt dich manchmal zu falschen Freunden. Und sie kann sogar zu Selbstmordgedanken, in eine Sucht oder Pornokonsum führen.

Freundschaft: etwas absolut Wichtiges

Tief in uns drin hat Gott die Sehnsucht nach Beziehungen und Kontakt zu anderen Menschen hineingelegt. Das ist sehr gut! In der Pubertät lösen wir uns immer mehr von unserer Familie – und die Freunde werden zu unseren prägenden Personen. Und jetzt ist es absolut wichtig, dass du die „Guten" um dich hast. Denn Freunde prägen dich und deinen Charakter. Wenn alle deine Freunde rauchen, wirst du es auch bald tun. Wenn deinen Freunden nur Geld und Statussymbole wichtig sind, wird das einen hohen Wert in deinem Leben haben. Wenn sich deine Freunde sozial engagieren, wirst du es auch tun.

Die wichtigste Frage bei der Auswahl deiner Freunde ist nicht die Musikrichtung oder die Sportart, die sie mögen. (Die werden sich die nächsten Jahre vielleicht noch ändern.) Die wichtigste Frage ist, ob ihr gemeinsame Werte habt. Ob euch dasselbe wichtig ist. Ob ihr euch vertrauen könnt.

Wie Jesus Freundschaften gelebt hat

Ich habe zwei bis drei richtig gute Freunde. Beste Freunde. Mit ihnen kann ich über alles reden. In diese Freundschaften investiere ich immer wieder Zeit. Dann habe ich einen Kreis von guten Freunden – Menschen, mit denen ich mich hin und wieder treffe, ins Kino gehe, tief rede oder feiere. Und über diesen Kreis hinaus habe ich weitere Freunde, mit denen ich allerdings nicht so häufig Kontakt habe. Ich kann nicht in alle Freundschaften gleich viel investieren.

Und Jesus? Wie viele Freunde hat der eigentlich gehabt? Ich kann's dir sagen: Es gab zum einen eine größere Gruppe von siebzig Jüngern, mit denen er vermutlich eher „gut bekannt" war. Dann hatte er einen engeren Kreis von zwölf Jüngern, die mit ihm drei sehr intensive Jahre verbrachten – und aus diesen zwölf wählte er irgendwann drei engste Vertraute: Johannes, Petrus und Jakobus. Diese drei Männer standen Jesus am nächsten. Das waren quasi seine BFF. Und die nahm er kurz vor seinem Tod auch mit in den Garten Getsemani – dorthin, wo er mit Todesangst kämpfte, er in einer Situation war, in der er menschlichen Beistand dringend brauchte.

Jesus finde ich in Sachen Freundschaft ein gutes Beispiel.

Wer sind deine drei besten Freunde? Willst du ihnen das vielleicht mal sagen? Wie möchtest du in diese Beziehungen investieren? Wichtig ist nicht, wie viele Freunde du bei Facebook oder in deiner Kontaktliste bei WhatsApp hast. Auf Facebook folgen 1,5 Millionen „Freunde" einem Mann namens

Jesus. Aber das sagt ja nichts darüber aus, wie nahe sie Jesus tatsächlich sind.

Freundschaften sind Herausforderungen

Was ist in einer Freundschaft wichtig? Echtes Interesse am anderen. Vertrauen. Ehrlichkeit. Hilfsbereitschaft. Verständnis füreinander. Eine gemeinsame Basis, gemeinsame Werte. Eine Sache ist ein absoluter Freundschaftskiller: Egoismus. Der steckt tief in uns drin und kann andere sehr verletzen. Egoismus hat die Kraft, Beziehungen zu zerstören. Der „Vers der Stunde" zeigt, wie Jesus Freundschaft definiert hat. Er fragt: Bist du bereit, dich selbst zurückzunehmen, ja, sogar zu sterben, aus Liebe für deine Freunde!?

Was wäre deine Antwort? Ich wäre vermutlich nicht bereit, für meine Freunde zu sterben. Das müssen wir auch erst mal nicht. Jesus geht es vielmehr darum, dass wir nicht immer auf unserem Recht bestehen und über die Macken unserer Freunde gnädig hinwegsehen. Ich geb's zu: Das ist sehr schwer. Freundschaften pflegen ist eben manchmal auch schwierig und kostet harte Arbeit. Aber es lohnt sich, in solche Schätze zu investieren!

Freunde sind nicht Gott

Trotz aller guten Freunde an unserer Seite: Kein Mensch kann unsere inneren Bedürfnisse komplett ausfüllen. Kein Mensch kann uns für alle Zeiten bedingungslos lieben. Auch der beste Freund wird uns mal enttäuschen. Keiner ist perfekt.

Ich habe erlebt, dass bisher keiner meine Einsamkeit restlos stillen konnte. Ja, ich habe eine tolle Familie, die besten Freunde, eine Partnerin, die mich sehr liebt. Aber es bleibt trotzdem ein Loch in mir drin, eine ganz tiefe Sehnsucht nach Liebe, die von keinem Menschen gestillt werden kann. Und ich bin ehrlich: Auch mit Gott fühle ich mich ab und an einsam. Doch bei ihm spüre ich, dass da mehr ist. Ich spüre: Auch wenn mich alle Menschen verlassen werden, bleibt einer, der treu zu mir steht. Einer, der die größte Einsamkeit der Welt erlebt hat: blutend und verlassen an einem Kreuz hängend. Er versteht mich zu hundert Prozent. Alle meine Einsamkeit, meinen Egoismus, all meine Unfähigkeit zu lieben, meine enttäuschten Freundschaften ... kann ich zu ihm bringen. Jesus ist der Freund, auf den ich für alle Zeiten bauen kann. Und er will auch mit dir befreundet sein!

Jetzt wird's praktisch!
Zehn Tipps zum Thema Freundschaft

1 Sei dir selbst ein guter Freund! Wenn du dich selbst nicht leiden kannst, wird es für andere auch schwer, das zu tun.

2 Stelle Fragen, interessiere dich für das Leben des anderen, lerne seine Welt und seine Freunde kennen.

3 Investiere Zeit! Vertrauen braucht einfach Zeit.

4 Rede über deine Gefühle. Übers Wetter und Fußball zu reden macht noch keine Freundschaft aus. Teile deinen Ärger, deinen Schmerz, deine Freude ... Das verbindet Herzen.

5 Entschuldige dich, wenn du etwas Falsches gesagt oder getan hast. In engen Beziehungen verletzt man sich irgendwann. Mach den ersten Schritt und versöhne dich. Wenn der andere Christ ist, dann betet zusammen um Vergebung.

6 Lacht miteinander! Wenn die Humorebene nicht stimmt – ganz schlecht.

7. Nehmt Gott in eure Freundschaft mit hinein. Betet zusammen – auch füreinander. Lest Bibel. Hört euch gemeinsam eine Predigt oder Musik an.
8. Sei großzügig! Teile mit deinem Freund bzw. deiner Freundin deine Decke, dein Fahrrad, deine Kekse, deine Freunde (nicht aber deinen Partner! 😉) ...
9. Erlaubt euch gegenseitige Kritik. Die wichtigste Kritik in meinem Leben habe ich von Leuten bekommen, die mich mögen.
10. Sei initiativ! Wenn es ums Freundesuchen und -finden geht, sitz nicht auf dem Sofa rum und warte, bis sich die Leute bei dir melden.

Übrigens: Nicht alle deine guten Freunde müssen Christen sein. Aber es wäre gut, wenn einige davon an Gott glauben. Denn Freunde prägen sich gegenseitig, auch in Sachen Glauben.

Sechs Bibelsprüche zum Thema Freundschaft
Ein Freund steht dir immer bei

Ein guter Freund steht immer zu dir, und ein Bruder ist in Zeiten der Not für dich da. (Sprüche 17,17)

Viele sogenannte Freunde schaden dir nur, aber ein echter Freund steht mehr zu dir als ein Bruder. (Sprüche 18,24)

Wer ehrlich ist und treffende Worte findet, den nimmt der König zum Freund. (Sprüche 22,11)

Lass dich nicht mit einem Jähzornigen ein, halte dich von einem Hitzkopf fern, sonst wirst du am Ende genauso wie er und bringst dich selbst zu Fall! (Sprüche 22,24–25)

Noch beglückender als süße Düfte ist die Zuneigung eines Freundes. (Sprüche 27,9; GN)

Verlass deine Freunde nicht (27,10; GN)

Das 17-Uhr-Gebet
Das Gebet eines Einsamen

Jesus, Einsamkeit umfängt mich,
obwohl ich mitten unter Menschen bin.
Ich gehöre zu dieser Familie/Gruppe/Gemeinde,
und dennoch verstärkt sich in mir das Gefühl,
außen vor zu sein
und den geheimen Regeln des Miteinanders nicht zu genügen.
Ich weiß nicht, an wem das eigentlich liegt:
an den anderen oder an mir selbst.
Dieses Gefühl von Einsamkeit inmitten von Menschen tut weh –
und ich spüre, dass ich gerne ein Teil des Ganzen sein würde.

Darum bitte ich dich:
Lass mich hier Menschen finden,
mit denen ich mich verbunden fühle,
mit denen ich lachen und reden kann,
die auf der gleichen Wellenlänge sind wie ich,
die mich erleben lassen, dass ich dazugehöre.
Öffne mich dafür, auf andere zuzugehen
und von mir aus freundliche Angebote zu machen.

Hilf mir dabei, Unwesentliches von für mich Wichtigem zu unterscheiden

und großzügig über das hinwegzusehen,

was meinen Vorstellungen nicht so ganz entspricht.

Mach mich bereit, meine Talente zum Wohl des Ganzen bereitwillig einzusetzen.

Und lass mich dabei doch immer „ich" bleiben.

Ich danke dir!

Amen.

© Max Wejwer, Abdruck mit freundlicher Genehmigung

SUPERHELDEN-CREW

DIE KRAFT DER CHRISTLICHEN GEMEINSCHAFT

Zehn coole Namensideen für deine christliche Jugendgruppe

World of Wordcraft | Geil & Fromm | Die Mountain-Movers | Die crossen Christen | Die Bibelknacker-Bande | Die Holy-Ghost-Busters | Jesus-Christ-Superstars | Die Gottesanbeter | Die Langweiler | Die jungen Senioren

Nur in meinem Kopf ...

Es gibt Tee. Roten Tee ohne Zucker. Und Kekse, die mich stark an meinen alten Sandkasten erinnern. Dazu sitzen wir in einem Stuhlkreis, und gerade wandert der „Erzähl-Ball" von einem zum anderen. Jeder soll über ein Gefühl reden, was er gerade empfindet. Ähm, ist Hunger ein Gefühl? Ich habe keine Ahnung, was ich sagen soll. Bisher bin ich hier eh stumm. Am Anfang haben wir schon ein Lied gesungen. „Einfach spitze, dass du da bist!" Das Lied fand ich mit acht Jahren auch mal super. Aber das hier ist der Teenkreis!!! Du fragst dich, warum ich hier bin? Ich mich auch! Aber nein, eigentlich kenn ich die zwei Gründe, warum ich hier bin. Der eine sitzt mir schräg gegenüber, trägt kurze Hosen und sieht unglaublich gut aus. Ben! Und der andere sitzt neben mir, hat einen altmodischen Pulli an und sieht nicht mehr ganz so frisch aus: Hartmut. Er ist bestimmt schon über fünfzig Jahre alt und könnte schon meine Krabbelgruppe geleitet haben. Und doch zieht er mich magisch an. Immer, wenn er mich sieht, lächelt er. Immer sagt er etwas wie „Schöne Frisur" oder „Schön, dass du da bist". Und wenn er von Jesus erzählt, dann bekommt Hartmut immer so leuchtende Augen. Als ob er in Jesus verliebt wäre. Der Erzähl-Ball kommt zu mir und ich höre mich sagen: „Mein Gefühl ist Freude, immer wenn mich Hartmut begrüßt. Und mein zweites Gefühl ist Ekel, wenn ich diesen Tee auch nur rieche."

Der 18-Uhr-Bibelvers

Jesus sagt: „Wo zwei oder drei versammelt sind in meinem Namen, da bin ich mitten unter ihnen."
Matthäus 18,20; LU

Impuls

Heute will ich dir von zwei meiner Lieblingsorte berichten. Nein, nicht wieder von der einsamen Hütte in Norwegen oder einem Sonnenuntergang am See… Den einen Ort werde ich dieses Jahr zum ersten Mal seit über fünfundzwanzig Jahren nicht sehen. Keine Ahnung, ob ich das durchhalte. Den anderen Ort besuche ich jede Woche. An Ort eins treffe ich sehr viele Leute. Teilweise über fünfzig. An Lieblingsort zwei sind wir höchstens zu fünf, oft eher zu dritt. Na, neugierig geworden? 😊

Die starke Gemeinschaft einer Jugendfreizeit

Als ich circa zehn Jahre alt war, durfte ich zum ersten Mal mit: auf eine Sommerfreizeit. Seitdem verbringe ich jedes Jahr mindestens eine, oft auch drei oder vier Wochen im Jahr auf Freizeiten. Bis zum 18. Lebensjahr war ich Teilnehmer und konnte immer rumpöbeln. Seit ich 19 bin, leite ich selbst Freizeiten und versuche mit pöbelnden Kids und Teens klarzukommen. 😊 Ich liebe Freizeiten! Auch wenn ich Vorstellungsspiele und bunte Abende so langsam echt nicht mehr brauche. Aber ich finde es faszinierend zu erleben, wie eine Gruppe wildfremder Menschen innerhalb kürzester Zeit zu einem Team zusammenwächst. Und man kann auf einer Freizeit unglaublich viel Spaß haben: Wasserschlacht, Geländespiele, stundenlanges Kicken, kreative Anspiele, Lieder am Lagerfeuer ... Jede Freizeit war bislang ein Abenteuer. Da überholte uns auf dem Weg nach Spanien nachts ein Reifen des eigenen Reisebusses auf der Autobahn – und wir saßen dreißig (!) Stunden in Frankreich fest. Ein andermal stritten sich zwei Köche so sehr, dass ich einen von ihnen nach Hause schicken musste, und wieder ein anderes Mal tauchte das Küchenteam nie auf der Freizeit auf ...

Zu den Dingen, die ich auf Freizeiten am allermeisten liebe, gehört es, zu sehen, wie sich Menschen innerhalb weniger Tage verändern: Da wird aus der schüchternen Mitarbeiterin im Tanzworkshop eine echte Vortänzerin. Der wilde und freche Junge wird beim Abendabschluss ganz still und zündet mit Tränen in den Augen eine Kerze an. Und aus einem überforderten, überheblichen und sehr unerfahrenen Nachwuchsleiter wird ein Leiter, den viele als Ruhepol und Vorbild erleben ... (Das bin ich!)

Ich bin Gott so dankbar, dass ich bisher über tausend Kindern und Jugendlichen eine gute Freizeit ermöglichen durfte.

Freizeiten waren für mich schon immer die Chance, fröhlich von der Liebe Gottes zu erzählen. Und jedes Mal – wirklich jedes Mal! – haben wir Gott tatsächlich auch erlebt: Gott hat uns so oft bewahrt. Er hat uns oft im letzten Moment noch Köche, Mitarbeiter, Autos, Spenden geschenkt. So oft haben Menschen zum ersten Mal die Liebe Gottes gespürt. Und immer wieder haben mir Teens ihre Probleme anvertraut und wir haben zusammen dafür gebetet. Erwähnte ich schon, dass ich Freizeiten liebe? Denn da erlebe ich hautnah die Gemeinschaft mit anderen Menschen und sehe, wie Gott mitten unter ihnen wirkt.

Warum wir Gemeinschaft mit anderen Christen brauchen
Gott hat uns so geschaffen, dass wir Gemeinschaft brauchen. Wir sind aufeinander angewiesen. Und das ist so wichtig, denn Gott liebt es, andere Menschen zu gebrauchen, um sich dir zu zeigen. Er liebt es, dir durch andere Gutes zu tun. Und er will durch andere Menschen zu dir sprechen, dir durch sie seine Liebe und Annahme zeigen. „Ein Christ allein geht ein", heißt ein alter Spruch. Und der ist so wahr!

Natürlich ist die Gemeinschaft von Christen kein Ponyhof, kein Ort der Dauerharmonie. Denn da treffen sich Menschen mit Macken. Da kracht es auch mal und es wird rumgezickt; da gibt es – wie woanders auch – Probleme, Machtstreben, Egoismus, Geldgier und falsche sexuelle Lust. Christen sind keine besseren Menschen, aber sie haben einen, der ihnen helfen kann. Und aus diesem Grund erlebe ich es, dass die Gemeinschaft von Christen oft doch so anders ist als bei anderen Gruppierungen. Ich erlebe, dass die Menschen dort gnädiger, gastfreundlicher und offener sind. Wenn das in deiner Gruppe nicht der Fall sein sollte, ändere es – oder such dir eine neue. Denn du brauchst die Gemeinschaft mit Christen! Du brauchst sie, weil sie dir Halt und Orientierung geben kann.

Von allen Seiten – durch Medien, Werbung, Schule und Bekanntenkreis – werden wir mit den unterschiedlichsten Gedanken, Werten und Ideen beschallt. Und vieles davon sind nicht Gottes Ideen. Ja, eine Menge von dem, was wir täglich in uns aufnehmen, hat die Macht, uns den Glauben, die Liebe und die Freiheit zu rauben. Deswegen brauchen wir Menschen, die uns immer wieder das Wahre, das Gute, das Richtige sagen. Wir brauchen Räume, in denen wir Gott begegnen und ihn suchen können.

An meinem zweiten Lieblingsort geschieht genau das.

Meine starke Männertruppe

Jeden Montagmorgen treffe ich mich für anderthalb Stunden mit Tobias, Franz und Johannes. Was wir tun, ist unspektakulär: Wir trinken Kaffee und Tee. Nachdem einer (meist Tobias 😄) etwas zu spät kommt, quatschen wir eine Dreiviertelstunde lang reihum über unser Leben. Dabei geht's vom Badeausflug bis zur Ehekrise, von der Fußball-WM bis zu Porno-Problemen, von der letzten Predigt bis hin zu Glaubenszweifeln. Jeder darf beim anderen nachfragen und sich auch danach erkundigen, was aus den Gebeten der letzten Woche so geworden ist. Und die letzte halbe Stunde eines jeden Treffens beten wir miteinander und füreinander. Ab und zu greift einer zur Gitarre, oder einer (meist Johannes 😄) hat den Eindruck, wir sollten heute mal alle eine Sünde bekennen. Ehrlich gesagt, ist nicht immer alles spannend, was wir da bereden. Aber es ist ehrlich und kommt von Herzen. Hier muss ich nicht der Christival-Chef und fromme Buchautor sein, sondern kann über meine Ängste, meine Erfolge, meine Zweifel und meine Niederlagen erzählen. Hier wird gequatscht, gesungen, gebetet, gesegnet und zwischendurch blöde Witze gemacht (meist Franz 😄). In der größten Krise meines Lebens war diese Gruppe mein Halt. Meine Freunde haben treu für mich gebetet und zu mir gehalten; und mir gleichzeitig durch gute Fragen auch aufgezeigt, wo ich Mitschuld an der Krise hatte. Ich weiß, dass so eine Gruppe ein Geschenk ist. Aber man sollte nicht warten, bis die geeigneten Leute eines Tages vor der Tür stehen und klingeln.

3–2–1… Geh los!

Wenn du dich nach tiefer, echter Gemeinschaft sehnst, dann mach dich auf die Suche. Sprich Leute an. Schau, wo sich Christen in deinem Alter treffen. Werde Teil einer Gruppe, indem du regelmäßig hingehst, den Treffen also Priorität einräumst. Und trau dich, dich dort zu öffnen und von dir zu erzählen. Christliche Gemeinschaft ist Geschenk. Aber dein Job ist es, loszugehen. Nur Mut!

Jetzt wird's praktisch!
Auszug aus Chris'
„Lexikon der Gemeinschaft mit Christen"

F wie FREIZEIT: Wahlweise auch Kinder- oder Jugendfreizeit. Ferienaction in diversen Formen, sowohl im Inland als auch im Ausland. Angeboten von lokalen Gemeinden – und auch von überregionalen christlichen Werken und Verbänden, zum Beispiel der Schüler-SMD, dem CVJM, crossover oder Aufwind-Freizeiten.

G wie GEBETSGRUPPE: Gruppe, die sich regelmäßig zum persönlichen Austausch und Gebet zusammenfindet.

G wie GOTTESDIENST: Meistens sonntags gemeinsamer Treffpunkt von Alt und Jung, um Gott anzubeten, einer Predigt zu lauschen und danach Kaffee/Tee zu trinken. Gibt es in freier oder liturgischer Form. Einfach mal für deinen Ort googeln. (Sonderform: → Jugendgottesdienste. Auch sehr zu empfehlen.)

H wie HAUSKREIS: Kleinere Gruppe von Christen, die sich bei Tee und Gebäck (oder richtigem Essen) in Wohnzimmern bzw. in Gemeinderäumen trifft, um zu beten, Bibel zu lesen, zu singen und zu quatschen. Mittlerweile in vielen Gemeinden vorhanden; in hippen Gemeinden auch → Smallgroup genannt. Unterformen: Jugendhauskreis, Frauen- oder Männerhauskreis.

J wie JUGENDGRUPPE: Siehe → Hauskreis, nur mit mehr Spiel und Action.

M wie MENTORING: Eine Beziehung zwischen zwei Personen, wobei der eine (der Mentor) Wissen an einen anderen (den Mentee – „Schüler, Lernenden") weitergibt. Ideal, um bei regelmäßigen Treffen persönliche Themen und Glaubensfragen zu besprechen. Tipps unter → www.c-mentoring.net oder bei deinem Jugendleiter.

S wie SCHÜLERBIBELKREIS: Gruppe, die sich in der Pause oder vor/nach der Schule trifft. Wird oft von Reli-Lehrern oder Vertrauenslehrern unterstützt. Gutes Netzwerk über die Schüler-SMD. → https://www.smd.org/schueler-smd

Eine biblische Geschichte über die christliche Gemeinschaft
Die erste große Christenfamilie

Die Apostelgeschichte in der Bibel erzählt von der Gründung der ersten Gemeinden und davon, wie die ersten Christen ihren Glauben lebten ...

Alle, die zum Glauben an Jesus gefunden hatten, ließen sich regelmäßig von den Aposteln unterweisen und lebten in enger Gemeinschaft. Sie feierten das Abendmahl und beteten miteinander.

Eine tiefe Ehrfurcht vor Gott erfüllte alle Menschen in Jerusalem, und er wirkte durch die Apostel viele Zeichen und Wunder.

Die Gläubigen lebten wie in einer großen Familie. Was sie besaßen, gehörte ihnen gemeinsam. Wenn es an irgendetwas fehlte, war jeder gerne bereit, ein Grundstück oder anderen Besitz zu verkaufen und mit dem Geld den Notleidenden in der Gemeinde zu helfen.

Tag für Tag kamen die Gläubigen im Tempel zusammen und feierten in den Häusern das Abendmahl. In großer Freude und mit aufrichtigem Herzen trafen sie sich zu den gemeinsamen Mahlzeiten.

Sie lobten Gott und waren im ganzen Volk geachtet und anerkannt. Die Gemeinde wuchs mit jedem Tag, weil der Herr viele Menschen rettete.
Apostelgeschichte 2,42–47

Das 18-Uhr-Gebet

Jesus, ich bete heute für deine Gemeinde.

Ich danke dir für die über zwei Milliarden Christen weltweit, die sich in Millionen von Gemeinden und Gruppen versammeln. Danke, dass sich deine Idee von Gemeinschaft auf der ganzen Welt durchgesetzt hat.

Aber du siehst auch, wie viele Dinge in Gemeinden und christlichen Gruppen schieflaufen. Wo Menschen nicht der Liebe, sondern dem Egoismus, nicht deinen Ideen, sondern ihren eigenen Ideen hinterherlaufen. Bitte vergib uns.

Hilf mir und allen anderen Christen, ein Licht für diese Welt zu sein.

Hilf uns, nicht hinter unseren Kirchenmauern hocken zu bleiben, sondern Wege zu den Menschen zu finden, die dich noch nicht kennen.

Hilf uns, coole und lebensnahe Formen zu finden, den Glauben zu leben und andere dazu einzuladen.

Bitte hilf mir, eine Gemeinschaft von Christen zu finden, die mir guttut. Hilf mir, nicht nach der perfekten Gruppe, sondern nach der richtigen Gemeinschaft *für mich* zu suchen.

Segne die Pastoren, Pfarrer und Gemeindeleiter. Hilf mir, gnädig mit ihnen zu sein. Hilf mir, deine Gemeinde zu lieben.

Amen.

MAMA, CHILL MAL!

WIE DU AM BESTEN MIT DEINEN ELTERN UMGEHST

So erzieht man in anderen Ländern seine Kinder

► In Japan sieht man oft schon Vierjährige alleine in der Bahn fahren. Kinder werden hier früh zur Selbstständigkeit erzogen.

► Bei einem Volksstamm in Zentralafrika gehen die Frauen jagen. Während sich die Männer um die Babys kümmern, dürfen die Kleinen an Papas Brustwarze nuckeln.

► In Dänemark lässt man Kinderwagen gerne vor der Tür stehen. Die frische Luft soll guttun und es soll dort auch ruhiger sein. Vor Kinderdieben hat man da wohl weniger Angst.

► In einigen Ecken Vietnams brauchen Kinder bereits mit einem Jahr keine Windeln mehr. Das Geheimnis sind Eltern, die ihre Kinder aufs Klo „pfeifen", wenn sie den Eindruck haben, dass diese müssen. (Klingt für mich etwas nach Hundeschule, ist allerdings ziemlich praktisch.)

Nur in meinem Kopf ...

Es eskaliert eigentlich immer irgendwann. Ich kann mich an keine Familienfeier erinnern, die ohne Stress abging. Diesmal steht Omas 80. Geburtstag an. Oma ist relaxt. Mama dagegen gar nicht. Seit Wochen wird alles geplant, vorbereitet und durchdacht. Wir Kinder und Papa werden wie Sklaven zu diversen Arbeiten verdonnert. Fehlt nur noch die Peitsche. Mama und Papa streiten sich andauernd. Jetzt kommen gerade die ersten Gäste, und auf einmal sind meine Eltern gut drauf. Dieses „Heile Familie spielen" nervt mich total! Ich mach da heute nicht mit. Das von Mama rausgelegte weiße Hemd tausche ich gegen ein schwarzes Heavy-Metall-Band-T-Shirt. Dazu trage ich die Jeans mit Löchern. Meine Haare style ich zu einer Punkfrisur und die Musik in meinem Zimmer drehe ich ganz laut auf. Die Balkontür in den Garten lasse ich offen und schmeiße regelmäßig Kippenreste und Bierdosen aus dem Fenster auf die Gäste. Und am Ende der Feier pullere ich vom Balkon. Bähm!, die Party habe ich gecrasht ...

Aber leider, leider war das alles nur ein Traum. In Wahrheit ziehe ich das weiße Hemd an, kämme einen braven Mittelscheitel und lege das „Familiengrinsen" auf. Ich hasse es!! 😣

Der 19-Uhr-Bibelvers

Ehre deinen Vater und deine Mutter, dann wirst du lange in dem Land leben, das ich, der Herr, dein Gott, dir gebe.
2. Mose 20,12

Impuls

Bevor wir über deine Eltern nachdenken, hier mal ein paar Fakten über sie:

► Deine Mutter hat monatelang mehrere Kilo mit sich geschleppt, ihr war übel, sie musste dauernd aufs Klo und sie hatte extreme Stimmungsschwankungen. Und dein Papa musste das aushalten. Das alles wegen dir!
► Deine Mutter hatte heftige Schmerzen bei deiner Geburt.
► Deine Eltern haben sich viele Nächte um die Ohren geschlagen, weil du da lieber schreien als schlafen wolltest.
► Über tausendmal haben sie deine stickenden Windeln gewechselt.
► Ziemlich sicher haben sie schon öfters deine Kotze weggewischt.
► Bis zu deinem 18. Lebensjahr werden sie (im Durchschnitt) 120 000 Euro für dich ausgegeben haben.

Wieso liste ich das alles auf? Damit du ein schlechtes Gewissen bekommst und netter zu deinen Eltern bist? Nein! Aber vielleicht macht dir das bewusst, was deine Eltern bisher schon so alles für dich getan haben. Das meiste davon vermutlich, ohne zu murren oder es dir vorzuwerfen. Denn deine Eltern lieben dich. (Hoffentlich!) Auch wenn du dir das jetzt nicht so vorstellen kannst. Du bist für deine Eltern ein sehr, sehr wichtiger Mensch und sie wollen dein Bestes. Nur leider seid ihr euch oft nicht so ganz einig darin, was denn „das Beste" für dich ist.

Am Bibelvers der Stunde erkennst du, dass die Bibel etwas zum Thema Eltern zu sagen hat: Man soll sie ehren. Puh! Echt jetzt? Ja. Aber damit ist nicht gemeint, dass du vor ihnen immer auf die Knie fallen und sie mit „Sie" ansprechen musst. „Ehren" bedeutet: dem anderen respektvoll begegnen, ihn achten, wertschätzen. Spannend finde ich in diesem Vers die Begründung, *warum* man die Eltern ehren soll: „... damit du lange in diesem Land leben sollst." Für die Bibel liegt ein besonderer Schatz darin, wenn Familienmitglieder respektvoll miteinander umgehen.

Gott will unser Bestes, und er weiß um die Spannungen, die entstehen, wenn aus Kindern Erwachsene werden. Auch für Eltern ist das nicht leicht. Ihr „kleiner, süßer Schatzi" ist nämlich mit 1,70 Metern weder klein noch süß wie ein Baby – noch will er „Schatzi" genannt werden. Vor allem müssen Eltern lernen zu verstehen, dass du nicht „ihr" Eigentum bist. Sie müssen lernen, dich loszulassen und dir, aber auch Gott, zu vertrauen.

Leider machen es einige Kinder ihren Eltern schwer, dass diese ihnen vertrauen können. Zum Beispiel, weil sie sie anlügen oder bei jeder Kleinigkeit genervt sind. Vertrauen ist ein sehr wichtiges Gut in einer Family. Verspiel es dir nicht.

In der Bibel gibt es aber auch eine Ansage an die Eltern: „Ihr Eltern, behandelt eure Kinder nicht so, dass sie widerspenstig werden. Erzieht sie mit Wort und Tat nach den Maßstäben, die Jesus gesetzt hat" (Epheser 6,4; GN). Ganz schön krass, oder? Ich finde, mit diesem Gebot, dass deine Eltern wie Jesus sein sollen, haben sie mehr als genug zu tun. Es ist nicht dein Job, deine Eltern zu verändern. Sie sind für ihr Leben selbst verantwortlich. Du allerdings auch.

Respektvoll, ehrlich und in Frieden miteinander umgehen ist im Alltag manchmal echt schwer. Ich weiß das selbst. Mir ist das lange Zeit schwergefallen. Vor allem an meinem Vater hat mich als Teenie einfach alles genervt. Zeitweise war es das Beste für mich, ihm einfach aus dem Weg zu gehen. Heute weiß ich, dass meine innere Rebellion eigentlich nur meinen

Wunsch ausdrückte, von ihm geliebt und anerkannt zu werden. Es war seltsam, aber wahr: Sosehr ich mich auch wehrte, wenn er mich umarmen wollte, so sehr wünschte ich mir gleichzeitig genau das.

Wonach sehnst du dich tief innen drin? Dass dir dein Vater mal zeigt, dass er stolz auf dich ist? Oder deine Mutter dir sagt, dass sie dich lieb hat? Vielleicht sehnst du dich ja auch nach einer richtigen Familie, weil du keine hast oder weil deine Eltern sich getrennt haben. Vielleicht lebst du in einer Patchworkfamilie und weißt gar nicht, wo du eigentlich hingehörst. Wenn deine Eltern getrennt leben, lass dir sagen: Du bist nicht schuld an der Trennung! Du kannst die Partnerschaft deiner Eltern auch nicht retten und bist erst recht nicht ihr Eheberater. Du hast selbst genug damit zu tun, mit der Trennung klarzukommen. Egal, wo dein Schmerz sitzt, und egal, wonach du dich sehnst: Komm damit zu Gott. Komm mit deiner Sehnsucht nach einer heilen und liebevollen Familie zu ihm. Wenn dein Vater oder deine Mutter abwesend sind, sei es durch Tod, Trennung oder den Job, dann such dir einen Ersatz. Das meine ich tatsächlich ernst. Unsere Seele braucht dringend sowohl mütterliche als auch väterliche Liebe und Zuwendung. „Ersatzpersonen" können deine Großeltern, deine Paten, gute Freunde, ein Jugendleiter in der Gemeinde oder deine großen Geschwister sein. Bitte Gott, dir Menschen an die Seite zu stellen, die liebend für dich sorgen.

Menschen, die dich lieb haben und sich um dich kümmern, sind so wichtig für dein Herz. Das ist Gottes Idee; er möchte, dass du gut ins Leben starten kannst. Deshalb: Ehre sie, geh wertschätzend mit ihnen um.

Jetzt wird's praktisch!
Zehn Ideen, wie du deine Eltern überraschen kannst

▶ Höre ihnen zu, wenn sie etwas sagen. Lass sie ausreden und verdrehe nicht gleich die Augen.

▶ Frag mal, wie es ihnen geht und wie ihr Tag war.

▶ Komme mal pünktlich oder sofort, wenn sie dich rufen.

▶ Bringe ihnen mal eine kleine Aufmerksamkeit (Blumen, Schokolade ...) mit und sage „Danke".

▶ Hilf freiwillig im Haushalt.

▶ Interessiere dich für ihr Hobby. Feuere deinen Vater bei einem Wettkampf an (wenn er sportlich ist) oder besuche deine Mutter auf der Arbeit.

▶ Helfe ihnen bei Sachen, die du besser kannst als sie. Bei PC-Problemen zum Beispiel.

▶ Entschuldige dich bei ihnen, wenn du etwas falsch gemacht hast.

▶ Lobe deine Eltern mal. Sag ihnen, was dir an ihnen gefällt.

▶ Nimm sie mal in den Arm. Massiere ihre Schultern. Oder kuschle dich an sie. Auch Eltern brauchen körperliche Nähe!

Ich gebe dir hier eine Garantie: Setze diese Tipps einen Monat lang regelmäßig um – und die Beziehung zu deinen Eltern wird sich verbessern! Wenn nicht, schreib mir, und wir checken mal, was für ein Problem deine Eltern haben.

Eine Eltern-Geschichte aus der Bibel
Jesus hat Zoff mit seinen Eltern

Jahr für Jahr besuchten Josef und Maria das Passahfest in Jerusalem.

Als Jesus zwölf Jahre alt war, gingen sie wie gewohnt dorthin und nahmen ihn mit.

Nach den Festtagen machten sich die Eltern wieder auf den Heimweg. Jesus aber blieb in Jerusalem, ohne dass sie es bemerkten.

Denn sie dachten, er sei mit anderen Reisenden unterwegs. Nachdem sie einen Tagesmarsch weit gekommen waren, begannen sie, bei ihren Verwandten und Freunden nach ihm zu suchen. Als sie ihn aber dort nicht fanden, kehrten sie besorgt um und suchten ihn überall in Jerusalem.

Endlich, nach drei Tagen, entdeckten sie Jesus im Tempel. Er saß mitten unter den Gesetzeslehrern, hörte ihnen aufmerksam zu und stellte Fragen.

Alle wunderten sich über sein Verständnis und seine Antworten.

Die Eltern waren fassungslos, als sie ihn dort fanden. „Kind", fragte ihn Maria, „wie konntest du uns nur so etwas antun? Dein Vater und ich haben dich überall verzweifelt gesucht!"

„Warum habt ihr mich gesucht?", erwiderte Jesus. „Habt ihr denn nicht gewusst, dass ich im Haus meines Vaters sein muss?"

Doch sie begriffen nicht, was er damit meinte.

Lukas 2,41–50

Das 19-Uhr-Gebet

Wenn du Glück hast, beten deine Eltern regelmäßig für dich. Heute drehen wir den Spieß mal um:

Lieber Gott,
danke, dass ich Eltern habe. Danke für alles, was sie in den letzten Jahren in mich investiert haben.
Danke für ihre Liebe. Danke, dass sie oft zu mir halten, auch wenn ich Mist baue.
Bitte vergib mir, wenn ich nicht auf sie höre und mich mit ihnen streite.
Tue ihnen Gutes. Mach, dass sie dich und deine Liebe spüren.
Segne ihre Partnerschaft und hilf ihnen, miteinander klarzukommen.
Und hilf mir, sie zu ehren und zu lieben.
Amen.

SMART & PHONE

WIE WÜRDE JESUS YOUTUBE, WHATSAPP, INSTAGRAM UND CO NUTZEN?

Was du über Social Media bestimmt noch nicht wusstest

- ► YouTube bedeutet eigentlich „Du Röhre!".
- ► Die Gründer von WhatsApp reisten vor der Erfindung ihres Messengers durch Südamerika und spielten überall Ultimate Frisbee. Fünf Jahre später bekamen sie 19 Milliarden US-Dollar für ihre Firma.
- ► Mark Zuckerberg, der Gründer von Facebook, programmierte die Vorgängerversion von Facebook: Facemash. Dort konnte man Fotos von Studentinnen bewerten. Diese hatten der Veröffentlichung aber nie zugestimmt.
- ► Anfang 2012 versendeten User über Snapchat circa eine Million Bilder pro Tag. Heute sind es über zehn Milliarden Videos täglich.

Nur in meinem Kopf ...

„Ich werde es schaffen!" Das muss ich mir immer wieder einreden. Nur noch fünfzehn Minuten. Die Wette war total albern. Mein Papa hat gewettet, dass ich es nicht schaffe, mein Smartphone von Schulschluss bis 21 Uhr ausgeschaltet auf dem Küchentisch liegen zu lassen. Aber immerhin geht es um einmal Burger-Essen in der Stadt.

Als ich Papa die Hand drauf gab, dachte ich: *Ha, das sind leicht verdiente Burger.* Aber mittlerweile bereue ich alles. Seit zehn Minuten sitze ich an unserm Tisch und starre das Smartphone an. Mein Kopf rattert: Wer mir wohl alles geschrieben hat? Was Anna wohl denkt, wenn ich ihr nicht antworte? Und Max? Vielleicht denkt er, dass er mir egal ist? Und die anderen aus meiner Clique? Oh, Mann, was soll ich die nächsten 14 Minuten mit meinem Leben anfangen, ohne Smartphone? Ein paar Mal dachte ich schon: *Das ist mir echt zu doof!*, und wollte mir das Teil schon nehmen. Aber immer konnte ich dem Drang widerstehen. „Ich werde es schaffen", flüstere ich.

Mein Papa kommt in die Küche und fragt: „Na, wie geht's im kalten Entzug?"

„Ist gar kein Problem", lüge ich und merke, wie meine Hand leicht zittert. Kurz darauf schlägt die alte Standuhr im Wohnzimmer neunmal zur vollen Stunde – und ich springe augenblicklich auf und greife zum Smartphone.

Mein Dad schaut skeptisch und murmelt: „So, so, ist gar kein Problem?"

Der 20-Uhr-Bibelvers

Ihr lebt nach dem Grundsatz: „Alles ist erlaubt!" Ich antworte darauf: Aber nicht alles, was erlaubt ist, ist auch gut. Alles ist erlaubt, aber nicht alles baut die Gemeinde auf. Denkt bei dem, was ihr tut, nicht nur an euch. Denkt vor allem an die anderen und daran, was für sie gut ist.

1. Korinther 10,23–24

Impuls

So, hier mal eine Auflistung aller Bibelstellen zum Thema Internet und Social Media...

Ah ja, richtig! Das gab's ja vor 2000 Jahren alles noch gar nicht. Aber nun ja, auch Autos und Flugzeuge, LED und Toaster waren damals noch völlig unbekannt. Das heißt allerdings nicht, dass die Bibel uns modernen Menschen gar nichts zum Umgang mit all diesen tollen Dingen zu sagen hätte. Aber dazu später mehr...

Wie sieht das bei dir aus? Wenn du ein Smartphone hast, gehörst du zu der Mehrheit, die in deinem Alter so ein Teil besitzt. Wie viel Zeit verbringst du damit? Und wie viel Zeit vor dem Tablet, dem PC oder vor dem Fernseher? Ich vermute mal, es ist insgesamt weit mehr als eine Stunde pro Tag.

Auch ich muss zugeben, dass ich zu viel Zeit vor Bildschirmen verbringe, besonders vor meinem Handy-Display. Wenn ich beim Schreiben dieser Andacht keine Idee mehr habe, dann scrolle ich Insta-Bilder oder Facebook-Posts durch. Das ist für drei Minuten auch eine ganz nette Ablenkung. Aber gerade eben waren es wieder fünfzehn Minuten. Weitergebracht hat es mich leider nicht!

Internet, Smartphone, Apps und YouTube sind tolle Erfindungen. In Sekundenschnelle kann man mit jemandem in Kontakt treten, egal, ob er sich nebenan oder am anderen Ende der Welt befindet. Und ebenso schnell kann man Infos aus dem Netz holen oder Musik streamen, runterladen, telefonieren, shoppen, Videos gucken... Doch nicht alles, was wir mit unserem Smartphone so anstellen, tut uns auch gut. Es gibt sogar vieles, was uns regelrecht schadet. Hier ein paar Gedanken dazu:

90 Prozent aller Medien sind nicht von christlichen Werten durchdrungen.

Wenn du den Bibeltext auf S. 176 gelesen hast, wirst du auch sagen: „Krass!" Ich jedenfalls finde ihn krass. Die Bibel sagt ziemlich eindeutig, dass es Einstellungen und Verhaltensweisen gibt, die Gott nicht gefallen. Dazu gehören Prahlerei, Geldgier, Machtstreben und „die Gier des Auges". Ehrlich gesagt erinnert mich das an vieles, was sich im Internet und Fernsehen so tummelt: Pornos, Selbstdarstellung auf Bildern, aufdringliche Werbung, Verherrlichung von Gewalt und Mobbing … Wenn du dir solche Dinge reinziehst, wird dich das langsam, aber sicher verändern.

Bilder gehen direkt in dein Herz.

Fast alles, was die Medien zeigen, nehmen wir mit den Augen wahr. Was passiert mit den vielen Bildern und Videos, die wir online und offline sehen? Werden sie irgendwo im Kopf abgespeichert? Vielleicht. Aber vor allem gehen diese Bilder direkt in unser Herz; sie beeinflussen unser Innerstes, unsere Seele, unsere Gefühle und Gedanken. Jesus sagt es ganz krass: „Wenn dich dein Auge verführt, reiß es raus!" (Matthäus 5,29). Bitte nicht nachmachen und das Messer holen!! Die Botschaft lautet: Wenn du merkst, dass du schwach wirst, halte dich fern von dem, was dich negativ beeinflussen will. Jesus sind dein Herz und deine Seele so wichtig. Gott weiß, wie sehr Pornos deine Beziehungsfähigkeit schaden. Er weiß, dass die Schönheitsideale, die überall propagiert werden, deinen Selbstwert klein machen. Er weiß, dass Gewalt und Horrorbilder Ängste auslösen und dir schaden können.

Was ziehst du dir und deiner Seele rein?

Medien klauen dir wichtige Lebenszeit.
Chillen und sich mal berieseln lassen – natürlich ist das nichts Schlimmes. Solange es nicht zur Dauerbeschäftigung wird. Aber leider sind Zocken, Netflixen, Am-Handy-Rumhängen für viele von uns zum Haupt-Hobby geworden. Sorry, aber das ist nicht Gottes Idee für mein und dein Leben. Er will dich und deine Zeit gebrauchen, um dir und anderen Gutes zu tun!

Medien können süchtig machen.
Ich liebe es, wenn die Bibel davon spricht, dass wir zur Freiheit berufen sind. Gott will, dass du frei entscheiden kannst. Süchtige Menschen können das nicht mehr. Sie haben einen Zwang, etwas zu tun. Es gibt mittlerweile mehrere anerkannte Krankheitsbilder, die von Kliniken behandelt werden: Pornosucht, Spielsucht, Mediensucht. Wenn du Sorge hast, dass du süchtig sein könntest, rede mit Menschen und checke mal diese Seite: https://return-to-reality.de/.
Gott möchte DEINE FREIHEIT!

Medien blockieren deine Wahrnehmung von Gott in dieser Welt.
Ich fahre beruflich sehr viel Zug. Letztens war ich zusammen mit meiner Freundin unterwegs. Und alle paar Minuten sagte sie Sachen wie: „Schau mal, wie schön die Sonne aufgeht!"; „Die Felder sind so golden!", und: „Oh, schau mal, Rehe!" Diese Strecke fahre ich mehrmals die Woche, aber das alles ist mir bislang selten aufgefallen, denn entweder sitze ich vorm Laptop oder schaue auf mein Handy. Gottes Schönheit, die er mir zeigen will, nehme ich oft gar nicht wahr. Aber noch krasser ist es, wenn wir Menschen nicht wahrnehmen. Dass dein Freund traurig guckt, wirst du erst merken, wenn du ihn anschaust, und nicht, wenn du neben ihm stehst und chattest.

Ich glaube, dass Gott jeden Tag, jeden Moment mit uns kommuniziert. Aber sobald wir online sind, schalten wir oft auf die Taste „Offline für Gott". Wir blenden ihn dann völlig aus.

Natürlich gibt es in den Medien auch viele gute Inhalte – auch christliche Inputs und Möglichkeiten, via Smartphone seinen Glauben zu leben. Bibel-TV zum Beispiel sendet Tag und Nacht; es gibt WhatsApp-Gebetsgruppen, und viele nutzen den Status für christliche Bilder oder Sprüche. Und natürlich lernt man bei Spielen auch etwas und Online-Games fördern die Gemeinschaft. Du musst selbst entscheiden, was dir guttut. Frage dich immer wieder mal: Was baut dich auf? Was hilft dir, deinen Glauben zu leben? Baut dein Medienverhalten das Gute für die Welt auf? Du entscheidest!

Jetzt wird's praktisch!
Elf Links und Apps, die dich näher zu Jesus bringen

- ▶ **You-Version-Bibel-App**: Bibellese und Extra-Bibellesepläne, Kurzandachten und Links.
- ▶ **Insta-Channel von YESHEIS**: Ideen und Motivation, wie man über den Glauben reden kann.
- ▶ Die monatlichen **90-Seconds-Clips vom EJW** (Evangelisches Jugendwerk in Württemberg): bei YouTube oder unter → www.ejwue.de.
- ▶ **Das Bibelproject**: gut gemachte Erklär-Filme zu biblischen Büchern und Themen. Auf → Bibelproject.de oder YouTube.
- ▶ **„Start in den Tag" als App** (kostenlos): tägliche Bibellese. Dazu jeden ersten Samstag im Monat ein YouTube-Video (mit einem gewissen Chris Pahl 😊).

- Insta-Channel „ohnelimitgeliebt": schöne Bilder und ermutigende Sprüche.
- Der **YouTube-Channel von „Stay on Fire"**: motivierende Inputs.
- Alle zwei Wochen einen Abend auf → **Bibel.Lifestream** (vom CVJM Baden); live oder danach als YouTube-Video. Ideal auch für Gruppen!
- Der **YouTube-Channel von ICF München.** (Es gibt natürlich auch andere gute Seiten mit Predigten.)
- Die **Netzgemeinde „dazwischen"** (initiiert vom Bistum Speyer): Onlinegemeinde zum Mitglauben, Mitbeten und Mitreden. Ist da, wo du bist: auf WhatsApp, Facebook, Insta. → netzgemeinde-dazwischen.de
- **jesus.de**: Nachrichten aus der frommen Welt und Community zum Diskutieren.

Eine krasse Geschichte aus der Bibel
„Leute, ihr habt das Böse besiegt!"

Hier der Bibeltext, den ich bereits erwähnt habe: eine klare Ansage, die auch für den Umgang mit den sozialen Medien hilfreich ist ...

Johannes schreibt: „Ihr jungen Leute, ich gebe es euch schriftlich: Ihr habt den Teufel besiegt. So habt ihr es jetzt schwarz auf weiß, ihr Kinder: Ihr habt den Vater erkannt! Ihr habt es schwarz auf weiß, ihr Väter und Mütter: Ihr habt den erkannt, der von Anfang an da ist!

Ihr habt es schwarz auf weiß, ihr jungen Leute: Ihr seid stark, denn das Wort Gottes ist in euch lebendig und ihr habt den Teufel besiegt!

Liebt nicht die Welt und das, was zu ihr gehört! Wer die Welt liebt, in dessen Herz gibt es keine Liebe zum Vater.

Die Welt ist erfüllt von der Gier der Triebe und Sinne, von der Gier der Augen, vom Prahlen mit Geld und Macht. Das alles kommt nicht vom Vater, sondern gehört zur Welt.

Die Welt vergeht und mit ihr die ganze Lust und Gier. Wer aber tut, was Gott will, wird ewig leben."

1. Johannes 2,12–17; GN

Das 20-Uhr-Gebet

Dazu darfst du jetzt dein Smartphone benutzen 😊.

Bete für deine Freunde. Zum Beispiel dafür, dass sie Gottes Liebe erleben. Du weißt sicher am besten, was sie brauchen.

Und so geht's: Öffne deine WhatsApp (oder einen anderen Messenger). Alternativ kannst du auch dein Offline-Adressbuch nehmen. Fange an, für die Person ganz oben in der Liste zu beten. Gehe dann weiter nach unten und bete für die nächste Person. Und so weiter. Bei Gruppen kannst du für den Zusammenhalt im Team beten.

Kleiner Tipp: Am besten schaltest du während deiner Gebetszeit die Internetverbindung aus. Zum Schluss kannst du einer der Personen noch etwas Ermutigendes schreiben, zum Beispiel: „Ich habe gerade an dich gedacht und für dich gebetet."

THANK YOU, GOD!

DANKBAR AUF DEN TAG ZURÜCKSCHAUEN

Das Wort „Danke" in zehn Sprachen

Afrikaans – dankie
Chinesisch (Mandarin) – xie_xie
Dänisch – tak
Finnisch – kiitos (sprich: kee'-toas)
Französisch – merci
Hebräisch – toda
Italienisch – grazie
Japanisch – arigato
Russisch – спасибо (sprich: spasibo)
Türkisch – teşekkürler (sprich: teschekkürler)

Challenge: Lerne „Danke" in drei Sprachen, die du noch nicht kennst, und versuche, es heute oder die nächsten Tage anzuwenden. 😄

Nur in meinem Kopf ...

Ich glaube, sie nimmt Drogen. Oder vielleicht hat sie auch von ihrem Arzt irgendwelche Medikamente bekommen? Wir sitzen bei Großtante Maria in der Küche. Besuch bei der Verwandtschaft, wir mussten natürlich mit. Nun sitze ich Maria gegenüber, die über das ganze Gesicht strahlt. „Ach, so schön, dass ihr gekommen seid. Hach, ich bin überhaupt so dankbar. Dankbar, dass ich noch lebe, dass ich noch laufen kann, dass das mit Pullern und Stuhlgang noch so gut funktioniert ..." Ich denke nur: „Too much information."

Tante Maria ist gar nicht mehr zu bremsen: „Und für meine Freundin Erna bin ich dankbar, das ist die Beste. Und für meinen Erwin, der jetzt beim Herrgott ist, bin ich auch so dankbar."

Meine kleine Schwester kann ihren Mund nicht halten und fragt: „Du bist froh, dass Onkel Erwin tot ist!?"

Es ist absolut still im Raum. Papa schaut meine Schwester entsetzt an. Mama schüttelt verzweifelt den Kopf. Ich kann mir ein Grinsen nicht ganz verkneifen. Nur Tante Maria lässt sich nicht aus der Ruhe bringen. „Ja, irgendwie schon. Er hatte ja solche Schmerzen. Und jetzt kann ich mich ja besser um meine Freunde kümmern. Natürlich fehlt er mir." Während Tante Maria immer noch lächelt, rollt ihr eine Träne übers Gesicht. Ich spüre den Kloß in meinem Hals. „Ich bin so dankbar, dass Erwin bei Jesus ist, und ich danke Gott so sehr, dass er in meiner Trauer immer bei mir war."

Und ich ahne, Marias Strahlen hat nichts mit Drogen oder Medikamenten zu tun. Da steckt eine Lebenseinstellung dahinter ...

 ## Der 21-Uhr-Bibelvers

Gegen Mitternacht beteten Paulus und Silas. Sie lobten Gott mit Liedern, und die übrigen Gefangenen hörten ihnen zu.
Apostelgeschichte 16,25

Impuls

Bist du musikalisch? Kannst du singen oder ein Instrument spielen? Ich würde mich für dich freuen. Denn ich bin leider gar nicht musikalisch. Ich spiele kein Instrument und im Fußballstadion singe – das heißt gröle – ich sehr schief. Regelmäßig drehen sich die Leute im Gottesdienst um, wenn ich mitsinge. Aber leider nicht wegen meiner schönen Stimme, sondern wegen der komischen Töne. Wie das wohl bei Paulus und Silas war, als sie im Gefängnis für Gott gesungen haben? Wenn die beiden so schief gesungen haben wie ich, würde das auch erklären, warum im Verlauf der Geschichte die Erde bebte und die Türen aufsprangen. Vielleicht wollte Gott einfach, dass sie aufhören. 😄 Ganz gleich, wie musikalisch die beiden waren: Sie beeindrucken mich. Mitten in der Nacht, in einer aussichtslosen Situation, eingesperrt in einem finsteren Loch, loben und danken sie Gott.

Was wir von den Psalmen der Bibel lernen können

Ich persönlich liebe das Buch der Psalmen, das „Gebetbuch der Bibel". Die meisten dieser Gebete wurden von König David geschrieben und hatten vermutlich größtenteils auch Melodien – wurden also gesungen. Für die unterschiedlichsten Anlässe und Gefühlslagen lassen sich in diesem Buch Psalmen finden: Klagepsalmen, Bußpsalmen, Dankpsalmen, Loblieder ... Fast alle diese Gebetstexte – selbst die meisten Klagepsalmen – enden mit einem Lob auf die Größe Gottes, mit einem Dank an ihn beziehungsweise mit einem positiven Ausblick.

Warum hat der Psalmbeter David Gott so viel gelobt, wo er doch wirklich so richtig große Probleme hatte? Man wollte ihn umbringen, er war auf der Flucht, seine Freunde haben ihn verraten ... Wie kann man da Gott loben?! Und ja: David ist wirklich ganz schön am Rumjammern. Mehrmals will er lieber sterben als leben. Aber immer wieder bekommt er einen Blickwechsel hin: Er schaut von seinen Problemen weg und hin auf Gott.

Ich glaube, da liegt der Schlüssel für eine dankbare Lebenseinstellung: im Blickwechsel. Wir dürfen nicht länger auf unser Problem starren, sondern müssen von uns weg – und auf Gott – schauen. Hier ein paar Beispiele:

Deine Hausaufgaben liegen vor dir auf dem Tisch. Schau einfach über sie drüber, dahinter steht ja der Fernseher ... 😊 Im Ernst: Egal, wie bescheuert dein Tag war: Gott ändert sich nicht.

Du hast eine Fünf in Mathe: An Gottes Liebe zu dir ändert sich nichts.

Du hast einen üblen Streit mit deiner Freundin – daran, dass Gott eine wunderschöne Welt erschaffen hat, ändert das nichts.

Du sitzt im Gefängnis – Gott bleibt der Herr der Welt und der Trost deines Lebens.

Es geht hier nicht darum, dass du dein Problem ignorieren sollst. Scheiße darf auch „Scheiße" genannt werden. Aber die Frage ist, ob du dir von ihr dein Leben versauen lässt. Denn es gibt bei Gott immer einen Plan B. Selbst nach dem Tod: Da gibt es dann den Plan H. H wie Himmel. Wenn du Zeit mit Gott verbringst, dann geschieht das Wunderbare – das, was du aus dir selbst heraus nicht schaffst: Du schaust weg von deinen Problemen hin auf einen liebenden Gott, der Hoffnung für dich hat.

An diesen Blickwechsel müssen wir täglich, ja, sogar minütlich, erinnert werden. Gott ist größer. Also sag's ihm doch auch mal.

„Loben zieht nach oben"

Braucht es Gott eigentlich für sein Ego, dass man ihn lobt und dankt? Nein, Gott braucht erst mal gar nichts von uns. Aber er freut sich total darüber. Denn Loben und Danken ist eine intensive Zeit der Beziehung zu Gott. Wenn du deiner Partnerin/deinem Partner einen Liebesbrief schreibst oder ein Liebesgedicht vorträgst, dann wird die Person ausflippen vor Freude. Und eure Beziehung wird tiefer. So ähnlich ist das bei Gott auch. Er liebt es, Zeit mit dir zu verbringen, und es gibt auch die Zusage von ihm, dass er sich im Lobpreis finden lässt, weil Gott dort zu Hause ist (Psalm 22,4). Aber im Gegensatz zu ihm brauchst *du* es, Gott zu loben und ihm zu danken. Denn das tut deiner Seele gut und du siehst deine Probleme dann aus *seinem* Blickwinkel.

Es gibt zwei alte Spruchweisheiten: „Loben zieht nach oben" und „Danken schützt vor Wanken". Tante Maria aus der Story am Anfang dieses Kapitels ist für mich ein tolles Vorbild. So viele Menschen um mich herum sind verbittert und nur am Motzen. An manchen Tagen bin ich auch so ein Mensch ... Wäre es nicht toll, wenn wir Christen dafür bekannt wären, dass wir dankbar sind und andere wertschätzen?

Danke Gott für alles Gute in deinem Leben – und sage auch anderen Menschen mal Danke. Bedank dich beim Müllabfuhrmann oder bei deinem Fußballtrainer. Du wirst vermutlich ein Lächeln ernten.

Jetzt wird's praktisch!
Sieben Ideen zum Thema Danken und Loben

▶ Schreib deinen Dank auf! Siehe auch → 21-Uhr-Gebet.

▶ Höre Lobpreismusik oder singe selbst.

▶ Schreibe selbst einen Psalm oder ein Lied. Nimm einen typischen Psalm zu Hilfe: Beginne mit Bitten und Klagen, ende mit Dank und dem Lob für Gottes Hilfe.

▶ Denke jeden Abend an drei Dinge, für die du im Rückblick dankbar bist. Oder danke jeden Morgen für drei Dinge, auf die du dich freust.

▶ Werde kreativ. Bastele eine Dankeskarte. Male ein Bild, auf dem du deinen Dank ausdrückst. Rappe einen Psalm und mache ein Video daraus ...

▶ Bedanke dich bei Menschen. Das wird auch deine Dankbarkeit gegenüber Gott erhöhen.

▶ Schaffe dir Dankbarkeitsrituale – denk dir Sachen aus, die dir helfen, immer wieder dankbar zu sein. Das kann ein kurzes Gebet vor dem Essen sein oder wenn du das Haus verlässt. Oder klebe dir ein Post-it mit einem passenden Spruch an den Spiegel, an deine Wand, auf dein Notizbuch ...

Ein Dank-Psalm aus der Bibel

Ich will den Herrn loben von ganzem Herzen,
alles in mir soll seinen heiligen Namen preisen!
Ich will den Herrn loben und nie vergessen, wie viel Gutes er mir getan hat.
Ja, er vergibt mir meine ganze Schuld und heilt mich von allen Krankheiten!

Er bewahrt mich vor dem sicheren Tod und beschenkt mich mit seiner Liebe und Barmherzigkeit.

Mein Leben lang gibt er mir Gutes im Überfluss, er macht mich wieder jung und stark wie ein Adler.

Was der Herr tut, beweist seine Treue, den Unterdrückten verhilft er zu ihrem Recht.

Er weihte Mose in seine Pläne ein und ließ die Israeliten seine gewaltigen Taten erleben.

Barmherzig und gnädig ist der Herr, groß ist seine Geduld und grenzenlos seine Liebe!

Psalm 103,1–8 (Weiterlesen lohnt sich!)

Das 21-Uhr-Gebet
Das Dank-ABC

Die 26 Buchstaben des Alphabets können dir helfen, das Gute und Schöne in deinem Leben zu sehen. Nimm ein A4-Blatt und schreib untereinander alle Buchstaben des Alphabets auf – von A bis Z. Dann schreib hinter jeden Buchstaben eine Sache, für die du dankbar bist. Oder den Namen eines Menschen, der dir viel bedeutet. Oder auch, für welche von Gottes Wesenszügen du dankbar bist. Bei mir sieht das dann so aus: A – Annahme bei Gott, B – Brötchen mit Nutella, C – christliche Gemeinschaft, D – Döner, E – Evi; G – Gottes Geduld mit mir ...

Wenn du deine Dank-Liste nicht vollkriegst, dann häng sie dir doch irgendwo auf und vervollständige sie nach und nach.

LIEBESFILM IM SPÄTPROGRAMM

VON DER SEHNSUCHT NACH MRS ODER MR RIGHT

Drei ehrliche Kontaktanzeigen, die wirklich veröffentlicht wurden

Ich brauche dringend eine Freundin. Bin aber hässlich und suche deswegen eine Blinde. Bitte nur ernst gemeinte Antworten!

≈

Ich frühstücke mit dem Toaster, flirte mit dem Fernseher und rede mit der Couch. Bevor ich noch ein Verhältnis mit dem Staubsauger anfange, melde dich bei mir.

≈

Welche nette „Sie" will es wagen? Ich bin ein Alufoliengriller, Bausparer, Chefgrüßer, Einkaufswagenschieber, Festnetztelefonierer, Jeansbügler, Nachdemschwimmennassebadehosenauszieher, Semmelüberderspüleaufschneider, VW-Fahrer und Wechselgeldzähler.

Nur in meinem Kopf ...

Ich hasse Pärchen! Sie verfolgen mich schon den ganzen Tag. Sehnsüchtig stehe ich an meinem Fenster und schaue in die Dunkelheit der Nacht. Der Vollmond leuchtet romantisch. Ich hasse Romantik. Schon heute Morgen an der Bushaltestelle mussten sich zwei Abiturienten die Zunge möglichst tief in den Hals stecken. Dann sind Kevin und Chantal aus meiner Klasse gerade ein Paar und sooo verliebt. Kotz! Und so ging der Tag weiter: Als ich den Fernseher angemacht hab, lief gerade eine Hochzeit. Mama und Papa haben sich ausgerechnet heute auch gaaanz lieb und bei Insta hab ich – auch heute – ein Bild von meinem besten Kumpel gesehen, der stolz ein Mädel im Arm hält. Frustriert schaue ich zum Mond hoch. Da wäre ich jetzt auch gerne. Dort gibt es wenigstens keine Chance auf eine Partnerin. Aber allein hier in Deutschland gibt es bestimmt eine Million Frauen in meiner Altersklasse. Wie soll ich da die richtige finden? Ich wünsche mir so sehr eine Freundin!! Aber da sind sie wieder, diese Fragen: „Werde ich mit meinen Pickeln und schlechten Launen tatsächlich eine abbekommen? Werde ich eine Frau finden, die mich so liebt, wie ich bin?"

Mein Handy vibriert. Mein Mentor Philipp hat mir geschrieben: „Hey, wie geht's dir? Bete gerade für dich. Dein neues Profilbild ist voll nice!"

Ich schaue zum Mond und denke, dass eine Freundin vielleicht nicht unbedingt das *Allerwichtigste* auf der Welt ist. Zumindest in dieser Minute.

Der 22-Uhr-Bibelvers

Paulus schreibt: „Den Unverheirateten und den Verwitweten sage ich: Es ist am besten, wenn sie meinem Vorbild folgen und allein bleiben. Aber wenn ihnen das zu schwerfällt, sollen sie heiraten. Das ist besser, als wenn sie von unbefriedigtem Verlangen verzehrt werden."
1. Korinther 7,8–9; GN

Impuls

Es ist am besten, allein zu bleiben!? Was soll denn das!? Hast du dich das auch gerade gefragt?

Ein komischer Vers

Nun, den Vers oben muss man vielleicht etwas erklären. Paulus lebte vor etwa 2000 Jahren als reisender Missionar – und war höchstwahrscheinlich Single. Er ging davon aus, dass Jesus sehr bald wiederkommt und dass die Christen viel Leid zu erwarten hatten. Seiner Meinung nach war es besser, in solchen Leidenszeiten alleine zu sein, da man dann nicht noch die Sorge um eine Familie tragen muss. Paulus glaubte, dass man ohne eigene Familie auch flexibler für Gottes Reich einsetzbar ist. Für ihn war Heiraten eher ein notwendiges Übel: Man sollte es tun, wenn man es gar nicht mehr aushielt.

Jesus allerdings sagt nichts davon, dass man Single bleiben soll. Ihm ist die Ehe zwischen Mann und Frau sehr wichtig. Auch wenn man im Alten Testament liest, merkt man schnell, dass es damals das Normale war, dass der Mann eine Frau hatte (manchmal auch mehrere Frauen). Singlesein war eher die Ausnahme. Meist war es so, dass die Eltern für ihre Kinder innerhalb der eigenen Sippe einen Partner aussuchten – und die Teens dann im Alter von etwa 16 Jahren verheiratet wurden. Damals war also nix mit Liebe und Romantik, man heiratete aus Pflichterfüllung – und damit die Zukunft des eigenen Stammes gesichert war. Wen deine Eltern wohl für dich aussuchen würden, wenn das heute noch so üblich wäre? 😊

Meine Liebesgeschichten

Zum Glück kannst du dir aber selbst aussuchen, mit wem du befreundet und später mal verheiratet sein willst. Du bist jetzt in einer Phase, in der du das andere Geschlecht nicht mehr doof findest. Der Hormonspiegel in deinem Körper steigt – und vielleicht hast du dich ja auch schon mal in jemanden verliebt ... Zugegeben: Verliebtsein fühlt sich teilweise eher an wie eine schlimme Krankheit statt wie Gottes gute Idee. Hier vertrau ich dir mal ein bisschen was von meinen „Liebesgeschichten" an:

Anne: Das war noch in der Grundschule, und ich war von ihr eher fasziniert, als dass ich in sie verliebt war. Sie ging in die Parallelklasse und ich mochte sie sehr gerne. Ab und an spielten wir zusammen.

Julia 1: Ich glaube, in sie war ich das erste Mal so richtig verliebt. Ich sah sie immer nur im Sommer auf Freizeiten. Ich fand sie auch körperlich attraktiv und mochte ihre fröhliche Art. Wir haben uns auch Briefe geschrieben, aber leider weiß ich nicht mehr, was da drinstand ...

Julia 2: Sie sah ich immer im Bus. In sie war ich einige Jahre lang verschossen. Ich habe ihr (sehr peinliche) Liebesbriefe geschickt. Aber sie hat mich vollkommen ignoriert. Bei ihr war es so, dass ich viel mehr in ihr Äußeres verliebt war, denn ich kannte sie eigentlich gar nicht.

So folgte noch so manche Schwärmerei, aber keine der von mir Angebeteten wurde meine Freundin. Meinen ersten Kuss hatte ich dann mit 15, auf einer Freizeit. Wir waren dann auch eine ganze Woche lang zusammen. So richtig verliebt war ich da allerdings nicht. Aber immerhin fand ich sie nett.

Meine erste richtige Freundin hatte ich erst mit 22 Jahren. Aus meiner damaligen Sicht war das reichlich spät. Aber ich glaube heute, dass dieser späte Zeitpunkt gut für mich war, denn so konnten sich mein Charakter entwickeln, meine Beziehung zu Gott wachsen – und ich hatte viel Zeit, mich in meine ehrenamtliche Tätigkeit zu investieren.

Und je mehr ich Gott kennenlernte, desto sicherer wurde ich dann auch in dem Wissen, dass er mich irgendwann mit einer Frau versorgen wird. Als ich dann in einer festen Partnerschaft war, sehnte ich mich allerdings manchmal nach den Freiheiten zurück, die ich zuvor in meinem Single-Leben hatte ...

Gottes Traum für dein Leben

Gott sieht deine Sehnsucht nach einer Mrs oder einem Mr Right. Und er will dich begleiten in diesen aufregenden Zeiten des Suchens, Kennenlernens und Verliebens. Aber für ihn ist es nicht so wichtig, ob du gerade jemanden an deiner Seite hast oder solo bist. Ihm geht es um dich. Er will das Beste für dein Leben. Also vertraue ihm, auch in Sachen Partnersuche – und sieh die Zeit, die du allein bist, nicht als Fluch, sondern als Geschenk von Gott. Als eine Zeit, in der du dich intensiv deinen Freunden, Hobbys und Engagements widmen und persönlich in deinen Beziehungen zu anderen Menschen wachsen kannst.

Gottes Liebe und seine Zusage, dass ich etwas draufhabe, all das hat mir immer wieder gutgetan. Folgende Tipps hätten mir als Teen sehr geholfen:

Jetzt wird's praktisch!
Sieben Schritte auf dem Weg zum Traumpartner

❶ Lerne dein Solo-Leben zu genießen! Dein Glück hängt nicht unbedingt von einem Partner ab. Wenn du solo bist, musst du nicht mit deinem Partner abstimmen, wie ihr den Nachmittag verbringen wollt; du musst dir keine Sorgen um ihn machen, brauchst dich nicht mit ihm zu streiten ... Wenn du es nicht schaffst, ohne Partner das Leben zu genießen, wirst du mit einem Partner auch Schwierigkeiten haben, das zu tun.

❷ Überleg dir, was an einem Partner wirklich wichtig ist. Wenn du magst, mach dir eine Liste, auf der du alles notierst, was dein Partner unbedingt haben sollte. Auch das Äußere ist natürlich wichtig, aber die Haarfarbe sollte am Schluss nicht das Ausschlusskriterium sein ... Denke vor allem an die inneren Werte: Welche Eigenschaften soll dein Partner haben?

❸ Bete für die richtige Freundin/den richtigen Freund – zur richtigen Zeit. Du bist Gott nicht egal. Sag ihm deine Wünsche. Aber vertraue ihm auch, was den richtigen Zeitpunkt angeht: Er weiß, wann es am besten für dich ist, dass du deine Freundin/deinen Freund kennenlernst.

④ Werde selbst ein Traumpartner. Viele Partnerschaften scheitern daran, dass beide noch unreif sind – das heißt noch nicht reif für eine Beziehung. Arbeite an deinen Macken. Wenn du stark schwitzt, teste verschiedene Deos. Wenn du ein Problem mit Pornos hast, gehe es *jetzt* an. Wenn du dich zu dick findest, mache Sport. Wenn du schnell gereizt bist, finde heraus, warum das so ist. Und wenn du dich selbst nicht so gut leiden kannst, lass dich von Gott lieben und dir von ihm Selbstbewusstsein schenken. Und: Nutze deine Gaben und Fähigkeiten – tue das, was du gut kannst!

⑤ Suche dir gute Freunde des anderen Geschlechts. Von wem kann man das meiste über Mädchen lernen? Richtig: von Mädchen. Und andersherum: Das meiste über Jungs kannst du von Jungs lernen. Beschäftige dich daher auch mit Mädels/Jungs, die nicht deinem Schönheitsideal entsprechen. Sprich mit ihnen. Interessiere dich für ihre Hobbys. Versuche, sie zu verstehen. (Ganz nebenbei: Aus so mancher guten Freundschaft ist dann am Ende doch mehr geworden ...)

⑥ Nutze die Zeit, in der du noch solo bist, sinnvoll. Glaub mir, ohne Partner hat man mehr Zeit. Wenn du Gitarre oder Karate lernen willst, fang jetzt damit an. Oder bringe dich in deiner Gemeinde oder einem Verein ehrenamtlich ein.

⑦ Entspann dich. Es ist nicht wichtig, möglichst früh im Leben einen Partner zu haben. Du stirbst nicht, wenn du mit 18 noch keinen Freund bzw. keine Freundin hattest! Entspann dich! God is in charge! Gott kümmert sich drum!

Eine Partnerschaftsgeschichte aus der Bibel

Unerhört! Jakob muss 14 Jahre arbeiten, um seine Angebetete zu kriegen

„Onkel betrügt Neffen und lässt ihn 14 Jahre umsonst bei sich arbeiten!" So könnte die Schlagzeile in der Bildzeitung lauten, wenn sie über folgendes Ereignis berichten würde, das im Alten Testament zu lesen ist. Damals war es nicht unüblich, mehrere Ehefrauen zu haben – aber das hatte Jakob überhaupt nicht vor. Er liebte Rahel und keine andere!

„Du bist also der Sohn meiner Schwester!?", rief Laban Jakob entgegen. Er freute sich und lud ihn mit zu sich nach Hause ein. Jakob erzählte ihm seine ganze Geschichte. Dann meinte Laban: „Ja, Wahnsinn, du bist wirklich Teil meiner Familie!"

Jakob blieb über einen Monat als Gast bei ihm und half in seiner Firma aus. Irgendwann meinte Laban zu Jakob: „Ich finde, nur weil du mein Neffe bist, musst du noch lange nicht für lau bei mir arbeiten. Mach mal bitte 'ne Ansage, wie viel Kohle du haben willst."

Nun muss man wissen, dass Laban zwei Töchter hatte. Die ältere Tochter hieß Lea und die jüngere Rahel. Lea sah eher nicht so prall aus, Rahel war aber echt schön und hatte eine supertolle Figur. Jakob hatte sich voll in Rahel verknallt ... Darum sagte er zu Laban: „Hör zu, ich will keine Kohle von dir haben, aber ich würde gerne deine jüngere Tochter Rahel heiraten. Dafür könnte ich ja sieben Jahre für dich umsonst arbeiten. Abgemacht?"

Laban meinte: „Ich finde, Rahel ist bei dir besser aufgehoben als bei irgendeinem anderen Mann. Abgemacht, bleib in meiner Firma!"

Also arbeitete Jakob sieben Jahre lang bei Laban, um Rahel heiraten zu dürfen. Als die Zeit um war, ging er zu Laban und meinte: „So, die Zeit ist um. Ich möchte jetzt die Frau heiraten, für die ich so lange geschuftet habe!"

Laban organisierte noch am selben Abend eine Hochzeitsparty. Abends, nach der Feier, war es üblich, dass der Vater der Braut seine Tochter im Dunkeln in das Schlafzimmer des Ehepaares führte. Laban nahm aber einfach Lea mit. Jakob hatte das nicht auf dem Schirm und pennte gleich in der ersten Nacht mit ihr. Am nächsten Morgen sah Jakob natürlich, dass Lea neben ihm lag und nicht Rahel.

Er ging sofort zu Laban: „Was soll das? Warum hast du mich übers Ohr gehauen? Ich hab für dich die ganze Zeit gearbeitet, nur weil ich Rahel haben wollte!"

„Tja, also, es ist bei uns hier im Ort so üblich, dass man immer die ältere Tochter zuerst unter die Haube bringt. Danach erst darf die jüngere heiraten", sagte Laban. „Jetzt feiere doch erst mal diese Woche Hochzeit. Ich geb dir die Rahel dann noch dazu. Dafür musst du allerdings noch mal sieben Jahre für mich arbeiten. Okay?"

Jakob war nicht begeistert, aber was sollte er machen? Nach der Hochzeitswoche gab ihm Laban dann auch noch Rahel als Frau. In der Hochzeitsnacht schlief Jakob mit Rahel. Er liebte sie viel mehr als Lea. Die nächsten sieben Jahre arbeitete er dann weiter für Laban, wie sie es abgesprochen hatten.

1. Mose 29,14–30; Volxbibel (leicht gekürzt)

Das 22-Uhr-Gebet

Hey Gott,

ich bin ja schon etwas neugierig, ob und welchen Partner du für mich hast... Wer wird wohl
mal Ja zu mir sagen? Danke, Jesus, dass du schon Ja zu mir
gesagt hast. Ich bringe dir all meine Sehnsucht nach Zweisam-
keit, nach Zärtlichkeit. Ich gebe dir meine Angst, dass ich niemanden abbekomme.

Gott, segne schon jetzt die Person, mit der ich einmal zusammen sein werde. Zeig ihr schon jetzt, wie sehr du sie
liebst, und bereite sie auf mich vor. Gott, hilf uns, im richtigen Moment zusammenzukommen. Ich lade dich ein, in meine
Gefühle hineinzukommen. Und hilf mir, ein liebender Partner
zu werden.

Danke, Gott, für die Zeit, in der ich noch ohne Partner bin.
Danke für meinen Zukünftigen bzw. meine Zukünftige!
Amen.

LET'S PARTY!

WARUM FEIERN GÖTTLICH IST

Schon gewusst?

- ▶ 75 Prozent aller Partygänger gehen nach 23 Uhr feiern.
- ▶ Feierfreudige in München geben pro Abend 23 Euro aus. In Berlin sind es nur 10 Euro.
- ▶ Über 22 000 Jugendliche waren im Jahr 2016 wegen Alkohol im Krankenhaus.
- ▶ Der erste Besuch der Polizei bei einer Party wegen Ruhestörung kostet normalerweise nichts (aber wenn sie noch mal kommen müssen, wird's teuer).
- ▶ 22 000 Rinder ließ der biblische König Salomo schlachten, um mit dem ganzen Volk die Einweihung des Tempels zu Gottes Ehre zu feiern. Das ist mal ein Barbecue!

Nur in meinem Kopf ...

Es ist so peinlich. So unglaublich peinlich. Am liebsten würde ich im Boden versinken. Es ist spätnachts und wir sind noch immer auf dieser Hochzeit. Irgendeine Cousine meines Vaters hat beschlossen „in den Hafen der Ehe einzulaufen", wie es so schön heißt. Wobei ich eher Angst habe, dass sie ausläuft, so viel wie die Braut heute geweint hat. Jetzt haben wir die endlosen Reden, Tonnen an

Essen und absolut nicht lustigen Sketche überstanden. Es wird getanzt. Beim Hochzeitswalzer des Brautpaares war noch alles in Ordnung, außer dass die Braut natürlich heulte. Aber jetzt laufen Hits der 1980er- und 1990er-Jahre. Das ist schon schlimm genug ... Aber es gibt noch ein größeres Problem: Mein Vater tanzt. Oder nennen wir es: „Er versucht sich hektisch zu bewegen, als ob er an einem Elektrozaun hängen würde." Auch bei den anderen Gästen hat der Alkohol die Koordinationsfähigkeit ziemlich eingeschränkt. Aber, wow, jetzt spielt der DJ endlich ein neues Lied – sogar aus den Charts! Und die Hübsche im roten Kleid, die in meinem Alter ist, ist auch auf die Tanzfläche gekommen. Soll ich es vielleicht doch wagen? Ich zögere.

Da kommt mein Vater angetanzt und sagt: „Na los, mein Kleiner. Hüften schwingen."

Da ist es vorbei. Ich verlasse genervt den Saal, aber fast, fast hätte ich getanzt.

Der 23-Uhr-Bibelvers

Als der verlorene Sohn zurückgekehrt war, sagte der Vater: „Holt das beste Kalb und schlachtet es! Wir wollen ein Fest feiern und uns freuen."
Lukas 15,23; GN

Impuls

„Christen müssen artig sein. Keine Party, keinen Wein. Ein Bein, das sich zum Tanzen hebt, wird im Himmel abgesägt!" Hast du diesen Satz schon mal gehört? An diesen gruseligen Spruch haben sich bis vor einigen Jahrzehnten viele Christen gehalten. Im Ernst. Besonders Tanzen galt in vielen christlichen Kreisen als absolutes „No-Go". Also: Ist Gott etwa gegen Partys???

Gott ist keine Spaßbremse

Ich hab mal nachgeschaut: Die Worte „Feier" und „feiern" kommen in der Bibel ganz schön oft vor. Für das Volk Israel, um das es besonders im ersten Teil der Bibel geht, gehörte Feiern zum Alltag. Die Menschen feierten die Befreiung aus der Sklaverei der Ägypter, aber auch Erntedankfeste. Und zu den Feiern gehörten natürlich immer auch Essen, Tanz, Freude, teilweise auch Alkohol – und natürlich die Gemeinschaft. Aber etwas ganz Wichtiges durfte nie fehlen: die Erinnerung daran, dass Gott da ist. Das Leben feiern und Gott feiern, das gehörte für die Israeliten ganz selbstverständlich zusammen.

Auch Jesus war keine Spaßbremse. Er war oft da, wo gefeiert wurde.

Weißt du, wo Jesus sein allererstes Wunder getan hat? Genau! Auf einer Hochzeit. Jesus machte dort aus Wasser Wein. Aber nicht nur irgendeinen Durchschnittswein. Er machte richtig guten Wein. Und Jesus erschuf nicht nur einen Schluck von diesem edlen Tropfen, sondern circa 600 Liter!!

Und bei der wichtigsten und letzten Feier Jesu, dem Abendmahl, gab es ja auch Wein. Wichtig zu wissen ist, dass es zur Zeit Jesu recht normal war, Wein mit Wasser zu mischen, da dieses sonst oft nicht genießbar war. Es handelte sich hier also nicht um Besäufnisse.

Also, du siehst: Die Bibel verbietet weder das Tanzen noch den Alkohol. Und doch ist die Warnung mit dem „abgesägten Tanzbein" und dem „keinen Wein" inhaltlich nicht zu hundert Prozent Quatsch. Denn an vielen Stellen in der Bibel wird deutlich vor „Saufgelagen" gewarnt (zum Beispiel in 1. Petrus 4,3). Und nachdem ich es selbst erlebt habe, wie es ist, betrunken zu sein – und andere Menschen besoffen erlebt habe –, verstehe ich Gottes Warnung sehr gut. Alkohol kann das Wesen von Menschen verändern. Zu viel Alkohol macht aggressiv. Und Alkohol lässt die sexuelle Lust immer wieder die Oberhand über die Vernunft gewinnen. Fremdgehen oder mit jemandem auch nur flirten oder knutschen, vor dem ich mich nüchtern ziemlich ekele? Nun, so was kann passieren, wenn man zu viel Bier oder Wein intus hat. Viele Menschen verlieren ihre Würde unter dem Einfluss von Alkohol und Drogen. Und das widerspricht Gottes großer Wahrheit, dass du einen Wert und eine Würde hast. Gottes Gebote sind nicht dazu da, um uns den Spaß zu verderben, sondern dazu, dass wir aufblühen, uns entfalten, mit mehr Tiefgang leben, fröhlicher feiern – kurz gesagt: freier sind.

Feiern ist ein Ausdruck unserer Lebensfreude

Gott will dir und mir nicht den Spaß am Feiern verderben. Nein, ganz im Gegenteil! Er erlaubt uns ausdrücklich zu feiern. Feiern ist ein Ausdruck von Lebensfreude. Feiern heißt sich erinnern, zum Beispiel daran, dass man geboren wurde. Wenn wir Weihnachten feiern, sollen wir uns daran erinnern, dass Gott als Mensch in die Welt kam. Und das Osterfest soll uns daran erinnern, dass Jesus von den Toten auferstanden ist.

Feiern kann auch heißen, etwas Altes abzuschließen – mit einer „Abschiedsfeier". Oder etwas Neues zu beginnen. Feiern, das kann auch bedeuten, dass man etwas festmacht: bei der Konfirmation zum Beispiel seinen Glauben.

In jedem Fall bedeutet feiern immer: Gemeinschaft, Freude und gutes Essen. Wir sind zusammen mit unserer Familie oder Freunden; mit Leuten also, die uns wichtig sind. Wir genießen das gemeinsame Essen. Sind fröhlich. Heben einen Tag aus dem Alltag heraus.

Die Bibel wiederholt die Aussage „Freut euch!" sehr oft. Dabei geht es auch immer wieder darum, sich zu freuen, wenn die Umstände echt besch...(eiden) sind. Die ersten Christen, wie Petrus oder Paulus, erlebten viel Leid. Sie wurden verfolgt, geschlagen, ins Gefängnis geworfen. Aber gerade in diesen Situationen fingen sie an, Gott zu loben (siehe Apostelgeschichte 16,25 f). Ich frage mich, wie das gehen soll, wenn ich gerade Mist erlebe. Mir jedenfalls gelingt das oft nicht. Gerade habe ich eine Absage für meine Traumwohnung bekommen. Anstatt „Gott ist gut" zu singen, fluche ich und haue aufs Lenkrad. Ich sehe nur mich und meine Situation. Doch schon ein paar Minuten später schreibt mir ein Freund: „Dann hat Gott wohl was Besseres für dich."

Ich habe immer noch keine Wohnung, nun ja. Aber mein Freund hat irgendwie recht: Auf Gott schauen bringt eine ganz neue Perspektive auf mein Problem! Es macht mich gelassener, hoffnungsvoller, mutiger. Und ich weiß auch: Meine Probleme und all die Probleme hier auf dieser Welt haben nicht das letzte Wort. Denn es gibt eine himmlische Party-Perspektive für dich und mich! Jesus sagt uns zu, dass er „unsere Trauer in Freude verwandeln wird" (Johannes 16,20). Im Himmel werden wir einmal zusammen mit Gott feiern, und das wird ein richtig großes Fest! Das finde ich einen krass guten Ausblick.

Deswegen: Freu dich. Feiere das Leben. Nicht nur die großen Feste, sondern auch die kleinen Feier-Momente. Entdecke sie mitten in deinem Alltag. Es gibt so viel Gutes, das dir täglich passiert! Feiere, und lade Gott ein, dabei zu sein.

Jetzt wird's praktisch!
Sechs gute Ideen zum Thema
„Feiern"

► **Plane dir jeden Tag eine echte Freude ein.**

Auch wenn die Probleme des Lebens dich runterziehen
wollen, feiere mindestens einmal am Tag das Schöne. Gönn
dir dein Lieblingslied und tanze, iss bewusst eine leckere
Kleinigkeit, laufe durch die Natur und freu dich an der
Schönheit, die Gott geschaffen hat ... Egal, was dir Freude
macht: Mindestens einmal am Tag kann man das Leben
und damit Gott feiern.

► **Werde selbst ein Party-Veranstalter.**

Plane alleine oder mit ein paar Freunden eine Party. Anlässe
gibt es genug: Geburtstag, einen Feiertag, der erste Ferien-
tag, Namenstag, Geburtstag deines Hamsters ... Sei großzügig und lade auch die Leute ein, die vielleicht selten auf
Partys eingeladen werden. Natürlich besprichst du die
Feier vorab mit deinen Eltern. 😊

► **Feiere nie doller, als dir guttut.**

Dein Körper ist ein geniales Konstrukt. Die Bibel nennt ihn
sogar „einen Tempel", also etwas echt Heiliges, Besonderes
und Schützenswertes. Zu wenig Schlaf, zu viel Alkohol und
Drogen jeglicher Art machen deinen Körper kaputt.

► **Such dir einen „Feier-Buddy".**

Schnapp dir einen guten Freund oder eine gute Freundin,
mit der du vorher darüber sprichst, was du auf der Feier
nicht tun willst. Der Feier-Buddy kann dich dann von zu
viel Alkohol oder vom Fremdflirten abhalten.

► **Nimm Jesus bewusst mit auf die Party.**

Klingt komisch, funktioniert aber. Gerade beim Tanzen
kann ich zum Beispiel super beten. (So ganz nebenbei: Auf

Partys hatte ich schon die besten Gespräche über meinen Glauben ...) Lade Jesus ein, mit auf die Party zu kommen!

▶ **Mache den Gottesdienst oder die nächste Jugendstunde zu einer Feier.**

Mit Gebeten, Liedern oder auch einem Abendmahl kann man Gott feiern. Oder wie wäre es mal mit einer Disco im Gemeindesaal? Die christlichen Feiertage bieten jede Menge Raum zum Partymachen für und mit Jesus.

Eine Party-Geschichte aus der Bibel
Partystimmung in Kana

Zwei Tage später wurde in dem Dorf Kana in Galiläa eine Hochzeit gefeiert. Die Mutter von Jesus war dort, und auch Jesus hatte man mit seinen Jüngern eingeladen. Als während des Festes der Wein ausging, sagte seine Mutter zu ihm: „Es ist kein Wein mehr da!"

Doch Jesus antwortete ihr: „Es ist nicht deine Sache, mir zu sagen, was ich tun soll! Meine Zeit ist noch nicht gekommen!"

Da sagte seine Mutter zu den Dienern: „Was immer er euch befiehlt, das tut!"

Nun gab es im Haus sechs steinerne Wasserkrüge. Man benutzte sie für die Waschungen, die das jüdische Gesetz verlangt. Jeder von ihnen fasste 80 bis 120 Liter. Jesus forderte die Diener auf: „Füllt diese Krüge mit Wasser!" Sie füllten die Gefäße bis zum Rand.

Dann ordnete er an: „Nun bringt dem Mann, der für das Festmahl verantwortlich ist, eine Kostprobe davon!" Die Diener befolgten seine Anweisungen.

Der Mann probierte das Wasser: Es war zu Wein geworden! Er wusste allerdings nicht, woher der Wein kam. Nur die

Diener wussten Bescheid. Da rief er den Bräutigam zu sich und hielt ihm vor: „Jeder bietet doch zuerst den besten Wein an! Und erst später, wenn die Gäste schon betrunken sind, kommt der billigere Wein auf den Tisch. Aber du hast den besten Wein bis jetzt zurückgehalten!"

So vollbrachte Jesus in dem Dorf Kana in Galiläa sein erstes Wunder. Er offenbarte damit zum ersten Mal seine göttliche Herrlichkeit, und seine Jünger glaubten an ihn.
Johannes 2,1–11

Das 23-Uhr-Gebet

Jesus,
du weißt, wie viel oder wenig Freude ich gerade in meinem Herzen habe. Du liebst mich, egal, wie groß meine Freude gerade ist.
Oft habe ich keine Lust und keine Kraft, mich zu freuen oder zu feiern. Jesus, bitte schenke mir Lebensfreude. Eine Freude, die anderen guttut und andere ansteckt. Hilf mir, positiv zu denken, auch wenn die Umstände schwierig sind.
Danke, dass wir feiern dürfen. Danke, dass du auch gerne feierst.
Hilf mir, das Leben zu feiern, ohne mir oder anderen dabei zu schaden.
Schenke mir heute „Partystimmung".
Amen.

GEISTERSTUNDE

VOM HEILIGEN GEIST UND SEINEN ZWEI FREUNDEN

Achtung, Witz!

Im Dorf wird ein neuer Pfarrer eingesetzt. Für seinen ersten Gottesdienst hat er einen besonderen Plan, den er dem Küster mitteilt:

„Wenn ich in der Liturgie an der Stelle ‚Ehr sei dem Vater und dem Sohn … und dem Heiligen Geist‘ bin, lässt du eine Taube* aus der Dachluke fliegen."

Nach dem ersten Gottesdienst ist die ganze Gemeinde begeistert. „Gott ist zu uns gekommen!"

Nach dem zweiten, deutlich besser besuchten Gottesdienst steht nun der dritte Gottesdienst an. Die Kirche ist bis auf den letzten Platz voll besetzt. Der Pfarrer ist der Liturgie bei „… und dem Heiligen Geist" angekommen. Doch nichts passiert.

„… und dem Heiligen Geist", wiederholt er etwas lauter.

Da steckt der Küster den Kopf durch die Dachluke: „Herr Pfarrer, die Katze hat den Heiligen Geist gefressen!"

---

* Die Taube ist ein Symbol für den Heiligen Geist.

Nur in meinem Kopf ...

Ich sitze verzweifelt über meiner Reli-Hausaufgabe. Wir sollen ein Bild für die „Dreieinigkeit Gottes" finden. Ich packe drei Streichhölzer in ein Ü-Ei. Damit sind dreimal dieselben Dinge drin. Aber es bleiben drei verschiedene Hölzer ... Hm, ich brauche ein besseres Bild. Vielleicht was mit Essen? Eine Eiswaffel mit Schoko, Vanille und Erdbeere vielleicht? Alle drei Kugeln sind ja Eis – und dennoch schmeckt jede anders. Und wenn man sie nicht schnell genug isst, verschmelzen sie zu einem Ganzen. Hmm, jetzt hab ich echt Lust auf Eis.

Wie immer, wenn ich nichts weiß, google ich. Dann werde ich fündig. Und das Beispiel gefällt mir, das hat auch was mit Eis zu tun! Und zwar wird in dem Text Gott mit Wasser verglichen. Wasser gibt es in drei verschiedenen Formen. Aber ganz egal, ob das Wasser fest (also Eis), flüssig oder gasförmig (Dampf) ist: Es ist und bleibt immer Wasser, auch wenn es unterschiedlich aussieht und für unterschiedliche Sachen gut ist. Vermutlich wäre der Heilige Geist dann der Dampf, Jesus wäre das flüssige Wasser und der Vater wäre das Eis? Ein Eisblock als Vater, das passt aber nicht zu Gott! Mein Papa mag Eis, das würde vielleicht passen ... Puuuh! Also entweder ich bin zu doof, das gut zu erklären, oder Gott ist einfach zu komplex. Na ja, immerhin ist er ja Gott – ich bin es nicht. 😊

Der 24-Uhr-Bibelvers

Jesus spricht: „Der Heilige Geist, den euch der Vater an meiner Stelle als Helfer senden wird, er wird euch alles erklären und euch an das erinnern, was ich gesagt habe."
Johannes 14,26

Impuls

Wie ist Gott? Kannst du die Frage in einem kurzen Satz beantworten? Versuch es mal!

Also, ich schaffe es nicht. Obwohl ich jetzt seit 37 Jahren mit Gott unterwegs bin, hatte ich noch nie das Gefühl, ihn so richtig zu kennen und verstanden zu haben. Oft tut er Dinge, die ich nicht nachvollziehen kann. Manchmal erhört er sofort mein Gebet, manchmal ist lange Funkstille, und ich frage mich, ob er überhaupt noch da ist. Der große Gott passt einfach nicht in mein kleines Gehirn oder Herz rein.

Gottvater, Jesus und Heiliger Geist – welches der drei Wesen Gottes ist dir am vertrautesten? Wen von den dreien sprichst du an, wenn du betest?

Ich glaube, vielen Leuten geht es so wie mir, dass ihnen Jesus am nächsten ist. Das ist auch am einfachsten. Der war ein Mensch wie du und ich. Seinem Vorbild kann ich direkt nachahmen. Und auch wenn Jesus ganz Gott und heilig ist, so bleibt er doch irgendwie „kumpelig" für mich.

Gottvater ist ein anderes Bild von Gottes Wesen. Für mich verdeutlicht es etwas sehr Stabiles, Verlässliches. Immer wieder muss ich an ein kleines Kind denken, das voller Freude in die Arme seines starken Vaters rennt. *Papa wird mich auffangen. Papa liebt mich. Papa meint es gut mit mir. Und wenn er mal streng ist, dann nur deshalb, weil er mein Bestes will.*

Ja, und dann gibt es da noch den Dritten im Bunde. Und mit dem tun sich viele Christen am schwersten ... Ich auch.

Vielleicht hilft es, ihn etwas besser kennenzulernen. Ich schlage meine Bibel auf der ersten Seite auf. Und wer schwebt da über dem Wasser? Jesus? Gott, der Vater? Nein, es war der *Heilige Geist:*

Am Anfang schuf Gott Himmel und Erde. Noch war die Erde leer und ungestaltet, von tiefen Fluten bedeckt. Finsternis herrschte, aber über dem Wasser schwebte der Geist Gottes.
1. Mose 1,1–2

In der Sprache des Alten Testaments bedeutet Geist „ruach", und das bedeutet „Atem" oder „Luft". Der Geist Gottes ist praktisch „Gottes Atem" oder „Gottes Luft". Dieses Bild hilft mir, den Heiligen Geist besser zu verstehen. Denn Luft kann ich ja auch nicht sehen, dennoch ermöglicht sie mein Leben und ist in mir drin. So ist der Heilige Geist auch.

Im Neuen Testament wird der Heilige Geist auch mit „Beistand" oder „Tröster" übersetzt. Jesus sendet uns nach seiner Himmelfahrt ganz bewusst den Heiligen Geist, um uns beizustehen und zu trösten. Sehr nice!!!

Der Heilige Geist hat für mich immer etwas mit Leben, mit Lebendigsein zu tun. Wenn ich keine Luft mehr habe, dann bin ich tot. Wenn ich keinen habe, der mich tröstet und mir beisteht, sterbe ich innerlich. Ich brauche diese Power, dieses Leben, diese Energie, diesen Lebensspender. Der Heilige Geist ist die Powerbank des Lebens und des Glaubens. Wenn dir die Lebenskraft fehlt, die Kraft zu glauben oder die Kraft durchzuhalten, dann bitte den Heiligen Geist, dir zu helfen und dir beizustehen! Er ist dein Tröster und dein Beistand.

Es gibt Momente in meinem Leben, in denen ich den Eindruck hatte, der Heilige Geist ist ganz besonders präsent. An Segnungsabenden auf Freizeiten zum Beispiel. Da ist die Atmosphäre oft besonders offen, die Lieder passen genau zur Stimmung der Anwesenden, ich habe beim Beten für Teilnehmer einen passenden Gedanken oder ermutigende Eindrücke … Irgendwie ist das unbeschreiblich. Oder gestern: Da hatte ich gleich nach dem Aufstehen einen Bibelvers im Kopf, zu dem es auch ein Lied gibt. Wenige Minuten später schaute ich in die „Losungen" (ein Heft, in dem für jeden Tag ein Bibelvers steht) – und siehe da: Der Vers des Tages war genau der, den ich nach dem Aufwachen im Kopf hatte! Auch wenn Menschen von ihren seelischen und körperlichen Heilungen berichten, dann spüre ich oft: Da wirkt ein besonderer Geist – der Heilige Geist.

Glauben und das Gute in unserem Leben umsetzen, das können wir nicht aus uns heraus. Dafür brauchen wir den Heiligen Geist. Er lebt in uns. In der Bibel steht, dass unser Körper ein Tempel des Heiligen Geistes ist und er in uns wohnt (siehe 1. Korinther 6,19). Lade den Heiligen Geist doch in einem Gebet bewusst ein, bei dir zu „wohnen". Es gibt ihn gratis, man kann ihn sich nicht verdienen. Aber natürlich ist der Heilige Geist nicht wichtiger als Jesus oder Gott. Unsere Seele braucht die verschiedenen Eigenschaften Gottes: die des starken Vaters, die des guten Freundes, der für mich stirbt (Jesus), und die des belebenden Heiligen Geistes. Auf diesen Gott habe ich gerade voll Bock!

Jetzt wird's praktisch!
Jede Menge Ideen ...

... um den Heiligen Geist kennenzulernen:

► Stell dir eine Person vor, die dich tröstet und dir immer beisteht. Es könnte sein, dass du an der Person sehen kannst, wie der Heilige Geist ist.

► Bitte den Heiligen Geist, dass er dich erfüllt. Lies mal in 1. Korinther 12 etwas über die Gaben des Geistes. Denn der Heilige Geist hat nämlich jedem von uns Gaben geschenkt. Und die sollen wir natürlich gebrauchen. Bitte ihn dir zu helfen, deine Gaben zu entdecken! Du kannst ihn auch ganz konkret um eine bestimmte Gabe bitten, nach der du dich sehnst. Bleib im Gebet dran!

... um Gott, den Vater, kennenzulernen:

► Suche im Internet nach „Rembrandt" und „Verlorener Sohn". Dann wirst du auf ein Bild stoßen, das der Maler Rembrandt van Rijn im 17. Jahrhundert gemalt hat. Vergrößere das Bild und schaue es fünf Minuten lang an. Was fällt dir auf?

► Suche im Internet nach dem „Liebesbrief des Vaters". Mach dir bewusst, wie sehr er dich liebt!

... um Jesus, den Sohn, kennenzulernen:

► Lies im Neuen Testament eins der Evangelien. Das ist nicht sehr innovativ, ich weiß. Aber dort kannst du Jesus am besten entdecken. (Übrigens: Das Markus-Evangelium ist das kürzeste aller vier Evangelien.)

► Schau dir einen Jesus-Film an. Dass Jesus Gott, aber gleichzeitig auch ganz Mensch war, ist ja das Faszinierende an ihm.

Eine Geschichte aus der Bibel über den Heiligen Geist

*Wundersames Sprachenlernen
mit dem Heiligen Geist*

*Wo der Heilige Geist in der Bibel auftaucht, da passieren manch-
mal merkwürdige Dinge: Menschen bekommen prophetische Worte
für die Zukunft, verwandeln sich von Schissern in mutige Gottes-
bekenner oder lernen, in neuen Sprachen zu reden – so wie es am
ersten Pfingstfest passierte ...*

Zum Beginn des jüdischen Pfingstfestes waren alle, die zu
Jesus gehörten, wieder beieinander. Plötzlich kam vom Himmel her ein Brausen wie von einem gewaltigen Sturm und
erfüllte das ganze Haus, in dem sie sich versammelt hatten.
Zugleich sahen sie etwas wie züngelndes Feuer, das sich auf
jedem Einzelnen von ihnen niederließ.

So wurden sie alle mit dem Heiligen Geist erfüllt und fingen
an, in fremden Sprachen zu reden, jeder so, wie der Geist es
ihm eingab. In Jerusalem hatten sich viele fromme Juden aus
aller Welt niedergelassen. Als sie das Brausen hörten, liefen sie
von allen Seiten herbei. Fassungslos hörte jeder die Jünger in
seiner eigenen Sprache reden. „Wie ist das möglich?", riefen sie
außer sich. „Alle diese Leute sind doch aus Galiläa, und nun
hören wir sie in unserer Muttersprache reden!"
Apostelgeschichte 2,1–8

Das 24-Uhr-Gebet

Man kann sich zu einem Fußballverein bekennen oder zu einer Partei. In der Kirche bekennt man sich zu wichtigen Glaubensaussagen, die in Bekenntnissen zusammengefasst sind. Sie werden oft im Gottesdienst gemeinsam gesprochen. Das „Apostolische Glaubensbekenntnis" geht auf die Aussagen der Apostel über Jesus zurück. Auf die Sätze haben sich die Christen der frühen Kirche geeinigt, um sich in ihrem Glauben zu vergewissern. Sie wurden über die Jahrhunderte weitergegeben.* Wie wäre es, wenn du es bewusst für dich sprichst?

Ich glaube an Gott, den Vater,
den Allmächtigen,
den Schöpfer des Himmels und der Erde.

Und an Jesus Christus,
seinen eingeborenen Sohn, unsern Herrn,
empfangen durch den Heiligen Geist,
geboren von der Jungfrau Maria,
gelitten unter Pontius Pilatus,
gekreuzigt, gestorben und begraben,
hinabgestiegen in das Reich des Todes,
am dritten Tage auferstanden von den Toten,
aufgefahren in den Himmel;
er sitzt zur Rechten Gottes,
des allmächtigen Vaters;
von dort wird er kommen,
zu richten die Lebenden und die Toten.

* Siehe https://www.ekd.de/Apostolisches-Glaubensbekenntnis-10790.htm.

Ich glaube an den Heiligen Geist,
die heilige christliche Kirche,
Gemeinschaft der Heiligen,
Vergebung der Sünden,
Auferstehung der Toten
und das ewige Leben.

Amen.

SLEEP DEEP

ÜBER DIE SORGE UND DIE FRAGE NACH DEM LEID

Fünfmal unnützes Wissen über Leid und Sorge

► Die Sorge ist ein Nebenfluss der Eider in Schleswig-Holstein.

► „Leiden" ist eine Stadt in den Niederlanden.

► Die größte wirtschaftliche Sorge der Deutschen ist, dass ihre Rente nicht reicht.

► Der teuerste „Sorgenfresser" bei Amazon kostet 329 Euro.

► Der Deutsche sagt durchschnittlich viermal die Woche: „Es tut mir leid."

Nur in meinem Kopf ...

Wieso kommen sie ausgerechnet in diesen Momenten? Sie besuchen mich ganz oft, wenn ich abends im Bett liege. Ich schließe die Augen und freu mich auf den Schlaf. Und dann düsen sie durch meinen Kopf – diese Gestalten. Ich kann nichts dagegen tun. Zum einen sind das die Sorgen, die mich auch morgen früh nach dem Aufwachen wieder quälen werden. Und zum anderen die großen düsteren Fragen. In letzter Zeit ist das immer wieder die Frage nach dem Leid in der Welt. Alle zehn Sekunden stirbt irgendwo ein Kind an Hunger. Warum? Die Mutter meines Klassenkameraden ist schwer krank. Warum? Bilder von hungernden Kindern und Unfällen drängen sich in mein Bewusstsein. Das einzige Gute ist, dass diese Fragen meine eigenen Sorgen ein bisschen kleiner machen. Was ist schon eine Pickelfresse im Vergleich zu einer todkranken Mutter!? Aber sowohl die großen Fragen als auch meine Sorgen haben die gleiche Wirkung: Ich kann nicht schlafen! Und in genau diesem Moment wächst eine neue Sorge in mir: Was ist, wenn ich zu wenig Schlaf bekomme? Morgen ist ein langer Tag mit Klassenarbeit ...

Aber irgendwann, irgendwo habe ich mich zwischen all den Fragen und Sorgen verlaufen und bin dann doch eingeschlafen.

Der 1-Uhr-Bibelvers

Kommt alle her zu mir, die ihr euch abmüht und unter eurer Last leidet! Ich werde euch Ruhe geben.
Matthäus 11,28

Impuls

Kennst du „Sorgenfresser"? Ich wusste lange Zeit nicht, was das sind: kleine Kuscheltiere, die einen Reißverschluss als Mund haben. Da kann man seine Sorgen reinstecken und die Tierchen sollen sie dann auffressen ...

Ja, wenn das bei Gott auch so einfach wäre: einfach die Sorgen auf einen Zettel schreiben, beten – und weg sind sie! Aber so einfach ist das leider nicht. Gott ist weder ein Wunschauto-mat noch ein Sorgen-Sofortvernichter. Es läuft nicht immer alles nach unseren Vorstellungen, und wir müssen lernen, mit unseren Sorgen und Ängsten umzugehen und Gott in unseren Schwierigkeiten zu vertrauen.

☞ **Über den Umgang mit Ängsten und Sorgen findest du auch einige Gedanken um → 3 Uhr, → 5 und → 6 Uhr.**

Aber wie ist das mit dem Leid? Hast du dir darüber auch schon mal Gedanken gemacht, so wie Laura? Viele Nichtchristen sagen, dass sie nicht an einen liebenden Gott glauben können, weil es so viel Leid auf der Welt gibt und Gott nichts dagegen tut. Und auch viele Christen zweifeln deswegen immer wieder an Gott. Das Thema ist nicht einfach. Es gibt da keine schnel-len Antworten.

Als ich ganz unten war

Ich will dir von meiner größten Leiderfahrung meines Lebens berichten. Wie du im 22-Uhr-Kapitel vielleicht schon gele-sen hast, war ich lange Single, habe dann mit 25 Jahren aber endlich geheiratet. Ich war wirklich glücklich. Über die Jahre hatten meine Frau und ich natürlich auch mal Streit. Ich war sicher nicht immer ein guter Ehemann, aber wir standen treu zusammen. Das dachte ich zumindest. Meine Frau wurde jedoch immer unzufriedener mit ihrem Leben und mit mir. Nach einer Krise hatten wir uns wieder zusammengerauft. Aber schon zwei Monate später fiel ich aus allen Wolken: Meine Frau wollte die Scheidung und zog aus.

Mein ganzes Lebenskonzept brach zusammen. Ich ver-suchte, für unsere Ehe zu kämpfen, aber ihre Entscheidung blieb bestehen. Anderthalb Jahre später hatte sie die Scheidung eingereicht. Der Schmerz saß tief. Und natürlich waren meine Schreie an Gott laut: „Warum? Warum ich? Warum wir? Ich dachte doch, Jesus, du bist für die Ehe? Warum lässt du das zu?"

Ich zweifelte nicht an Gottes Existenz, aber an seiner Macht. Doch in dieser Zeit lernte ich, ganz langsam, einige wertvolle Dinge. Hier ein paar dieser Erkenntnisse aus meiner Leidensphase:

► **Jesus ist ein guter Ansprechpartner für Leid**, denn er kennt das Gefühl von Schmerz sehr gut: Er wurde ausgepeitscht, gequält, an ein Kreuz genagelt, verspottet, verlassen. Er weiß, wie sich Schmerz anfühlt. Genauso wie ich bei Problemen lieber einen Freund anrufe, der die gleichen Probleme hautnah erlebt hat, so war es mir ein echter Trost, in dieser Zeit mit Jesus zu reden.

► **Jesus leidet mit.** Es gab eine Gebetszeit, in der ich einen starken Eindruck hatte: Ich klagte Jesus meinen Schmerz, und dann spürte ich, wie Jesus mit mir über den Verlust unserer Ehe weinte. Das hat mich damals sehr berührt. Jesus ist mein und dein Schmerz nicht egal!

► **Jesus hat uns die Freiheit gegeben**, uns gegenseitig Schmerz zuzufügen. Gott liebt die Menschen so sehr, dass er beschlossen hat, sie nicht als Marionetten oder Sklaven zu halten, sondern ihnen die volle Freiheit zu geben. Sie sind frei, Gott zu lieben oder zu hassen, und sie sind frei, ihre eigenen Entscheidungen zu treffen. Ich habe meine Ex-Frau nicht genug geliebt, und sie hat Fehler gemacht und sich gegen die Ehe entschieden. Aber die Schuld dafür kann ich nicht Gott in die Schuhe schieben. Es waren *unsere* Entscheidungen.

So ist es bei vielen großen Fragen (Hunger, Kriegen, Klimakatastrophen ...): Menschen treffen falsche, böse Entscheidungen. Sehr viel Leid auf der Welt könnten wir Menschen selbst verhindern.

▶ **Schmerz und Leid gehört zum Leben dazu.** Wir leben nicht in einer perfekten Welt. Täglich passieren Katastrophen, Krankheit und Tod. Unser Leben liegt nicht in unserer Hand. Ich dachte da lange Zeit anders. Ich dachte, ich hätte alles im Griff und würde alles schaffen. Nein, ich habe es nicht geschafft.

▶ **In Schmerz und Zerbruch findet man Gottes Schönheit.** Ich habe in meiner Krise unglaublich viel gelernt. Ich habe gemerkt, wie treu meine Freunde und meine Familie für mich da waren. Ich habe sehr viel über mich und über das Leben gelernt. Besonders habe ich Vergebung gespürt und erfahren, dass ich mich auf Neuanfänge einlassen kann. Ich kann meiner Ex-Frau heute gut und respektvoll begegnen. Das ist ein Wunder. Und ich bin seit einigen Monaten in einer neuen Beziehung mit einer wundervollen Frau. Vielleicht ist es ein Neustart!? Es gibt Hoffnung!

Gottes Antworten auf das Leid sind nicht wie eine Puppe mit Reißverschluss. Es ist komplizierter, aber auch deutlich wirksamer!

 **Jetzt wird's praktisch!**
Wie du dich für harte Zeiten in deinem Leben wappnest

▶ **Lebe dankbar jeden Tag** im Hier und Jetzt. Siehe → 21 Uhr!
▶ **Stärke jetzt deine Freundschaften.** (Siehe → 17 Uhr.) Sie sind so wichtig für dich als Ansprechpartner, Ablenker, Beter, Ermutiger …

- **Kümmere dich um Menschen, die gerade leiden.** Wenn es Menschen schlecht geht, bin ich meist überfordert und möchte mich intuitiv zurückziehen. Aber durch das Leid anderer kann ich so viel lernen: Anteilnahme, Füreinander-da-Sein, Trösten... Zeige Mitgefühl und höre dir ihre Geschichten an. Oft brauchen Leidgeplagte keine Ratschläge, sondern ein offenes Ohr.
- **Stärke jetzt deinen Glauben.** Schließe dich an die Powerbank des Lebens an; bleib regelmäßig mit Gott in Verbindung – damit dein Glaube auch in Krisenzeiten fest ist. Einmal im Jahr auf eine Freizeit fahren und ein bisschen Lobpreis hören ist keine Glaubensbasis in einer Krise.
- **Suche dir schon jetzt einen Mentor oder Seelsorger,** den du bei Bedarf connecten könntest. Schon mehrmals habe ich in diesem Buch dafür geworben: Du brauchst einen erfahreneren Menschen, der dir Kritik und Ermutigung in dein Leben sprechen kann.
- Male dir nicht jetzt schon aus, was alles Schlimmes passieren könnte. **Genieße das Gute, das du jetzt hast!**

Eine Geschichte aus der Bibel über Hoffnung im Leid
David lobt Gott – selbst, als er in Not ist

Der folgende Psalm stammt von David. Er schrieb ihn, als er inmitten von Sorge, Angst und Not steckte: Er war vor König Saul ins Ausland geflohen, aber dort kurz darauf erkannt worden. Um nicht festgenommen zu werden, stellt er sich wahnsinnig, um wenigstens den Schutz eines Idioten zu haben, und flieht dann in eine nahe gelegene Höhle ...

Ich will den Herrn preisen; nie will ich aufhören, ihn zu rühmen. Von ganzem Herzen lobe ich ihn; wer entmutigt ist, soll es hören und sich freuen! Preist mit mir diesen großen Herrn! Als ich beim Herrn Hilfe suchte, erhörte er mich und befreite mich aus aller Angst.

Wer zu ihm aufschaut, der strahlt vor Freude, und sein Vertrauen wird nie enttäuscht. Ich habe es selbst erlebt: Ich war am Ende, da schrie ich zum Herrn und er hörte mein Flehen; aus aller Bedrängnis hat er mich befreit.

Der Engel des Herrn umgibt alle mit seinem Schutz, die Gott achten und ehren, und rettet sie aus der Gefahr.

Probiert es aus und erlebt selbst, wie gut der Herr ist! Glücklich ist, wer bei ihm Zuflucht sucht!

Wenn rechtschaffene Menschen zu ihm rufen, hört er sie und rettet sie aus jeder Not. Der Herr ist denen nahe, die verzweifelt sind, und rettet diejenigen, die alle Hoffnung verloren haben. Zwar bleiben auch dem, der sich zu Gott hält, Schmerz und Leid nicht erspart; doch aus allem befreit ihn der Herr!
Psalm 34,1–20 (leicht gekürzt)

Das 1-Uhr-Gebet

Hier kommt es nun, wie um 6 Uhr versprochen. Mein 2014 geschriebenes Nachtgebet:

Jesus, müde komme ich zu dir.
Danke für all deine Geschenke heute: die Versorgung, die Menschen, meine Gesundheit, alle Wertschätzung, für alles, was vorangegangen ist! Danke! Lob sei dir!
Jesus, ich bring dir das Schwere des Tages. Allen Mangel, alle schwierigen Menschen, alle Kritik, alle dunklen Angriffe und

zuletzt meine Fehler und meine Unterlassungen. Herr, vergib mir, wie auch ich vergebe meinen Schuldigern.

Jesus, bitte wende dich allen Menschen, mit denen ich heute Kontakt hatte, in deiner Liebe zu. Segne meine Familie, Freunde, Kollegen und Kids ... und zeig dich ihnen.

In deine mächtigen und liebenden Hände lege ich diesen Tag zurück. Danke, dass ich dein geliebtes Kind bin und du über mir wachst.

Amen.

STILLE

DIE POWERBANK DES GLAUBENS

Wusstest du, dass ...

► laute Geräusche den Blutdruck ansteigen lassen und im Gehirn Stress auslösen?

► Kinder, deren Wohnräume oder Klassenzimmer in der Nähe von Autobahnen, Flughäfen oder Zugstrecken liegen, schlechter lesen, schlechter denken und reden können?

► in der Stille neue Gehirnzellen wachsen, während sie durch Lärm zerstört werden?

► man durch dauernde Geräusche eine Lärmschwerhörigkeit entwickeln kann, wodurch die Hörfähigkeit abnimmt?

Nur in meinem Kopf ...

Was für eine bescheuerte Idee! Unser Pfarrer hat im Konfi-Unterricht ja immer wieder komische Methoden, aber heute hat er sie echt nicht mehr alle. „Heute machen wir ein Experiment. Wir verteilen uns in der Kirche. Jeder setzt sich vor eine weiße Wand und wir schweigen fünfzehn Minuten."

Uhren und Handy mussten wir natürlich abgeben. Jetzt sitze ich hier schon seit gefühlten zehn Stunden und starre eine Wand an. Ja gut, kann man machen, bringt aber nichts.

Wir sollen „unserem Atem lauschen". Ich höre nur das Knurren meines Magens. Hunger! Tausend Gedanken jagen mir durch den Kopf: die blöde Mathe-Hausaufgabe, dass ich Marie noch das Foto vom Movie-Park schicken wollte, Sarah und Mia, der Streit mit meiner Mutter ... Auch wenn es um mich herum ganz still ist, in mir ist ziemliches Chaos. Wieso kann ich nicht einfach fünfzehn Minuten lang nix denken? Ich schlage mir mit der Hand gegen den Kopf.

Der Pfarrer meinte, wir sollten Gott einladen, zu uns zu sprechen. Was würde Gott wohl zu uns sagen? Plötzlich habe ich ein Lied vom letzten Ferienlager im Kopf: „You make beautiful things out of the dust." Gott macht wunderschöne Dinge aus Dreck. Das Lied gefiel mir schon damals. Ein cooler Gedanke kommt mir jetzt: Gott macht etwas Wunderschönes, sogar aus dem Mist, den ich baue.

Die Stimme unseres Pfarrers reißt mich aus den Gedanken, und ich merke: Die Stille hätte doch etwas länger sein können ... Vielleicht, aber nur vielleicht, war die Idee mit dem Experiment gar nicht sooo bescheuert.

 ## Der 2-Uhr-Bibelvers

Seid stille und erkennet, dass ich Gott bin.
Psalm 46,11; LU

Impuls

Ich rede mit mir selbst. Das ist eine harte Erkenntnis. Schon sechs Tage lang habe ich mit keinem Menschen mehr geredet – außer einem genuschelten „Hey!" beim Joggen. Auch geschrieben habe ich seit über 140 Stunden mit niemandem. Das Smartphone ist aus. Ich sitze hier fünf Kilometer vom nächsten bewohnten Haus entfernt im norwegischen Wald. Es gibt keinen Strom und kein fließendes Wasser. Ich bin hier allein mit jeder Menge Mücken. Und natürlich regnet es seit Tagen, obwohl Hochsommer ist. Und nein, ich bin hier nicht im Straflager, sondern an einem meiner Lieblingsorte. Die kleine Hütte mitten im Wald an einem See besuche ich bereits zum vierten Mal. Dieser Ort ist wirklich abgelegen und einsam. Hier habe ich schon geweint und laut singend Gott gelobt. Besonders die ersten Tage sind für mich jedes Mal schwer. Ich komme aus meinem lauten Leben hinein in diese Stille. Noch vor wenigen Tagen verbrachte ich zwei Wochen mit jeweils fünfzig Jugendlichen auf einem Zeltcamp. Laute Musik, Trubel, jeder will was von mir, jede Mahlzeit mit anderen Menschen … Nun ist es still. Und es geht mir wie der „Nur in meinem Kopf"-Person: Wenn es um mich still wird, dann wird es in mir drin ziemlich laut. Kennst du das auch?

Meine Gedanken rattern. Mit Smartphone und YouTube lenke ich mich sonst eigentlich nur von meinen Gedanken ab. Hier im Wald mach ich das nicht. Ich bin mutig … und stelle mich meinem Inneren, meinen Gedanken und Fragen. Interessanterweise treffe ich in der Hütte im Wald dann immer auf Gott. Dabei ist Gott in den Tiefen der norwegischen Wälder ja kein anderer als bei der Disco im Ferienlager.

Gott lässt sich in der Stille finden

Aus der Bibel erfahre ich, dass Gott immer da ist und er auch immer wieder mit mir redet. Aber vermutlich bin ich oft einfach nicht auf Empfang. Gottes Stimme scheint leise zu sein, weil ich sie im Alltagslärm oft gar nicht wahrnehmen kann.

Jesus hat mal eine ziemlich krasse Stille-Erfahrung gemacht (siehe Matthäus, Kapitel 4): Zu dem Zeitpunkt hat er noch keine Jünger um sich gesammelt und ist auch noch nicht als Prediger bekannt. Bevor seine Action richtig losgeht, wandert er vierzig Tage allein durch die Wüste. Jesus sucht nach seiner Taufe im Jordan die Einsamkeit, weil der Geist Gottes ihm genau das gezeigt hat. Und eigentlich würde man nun vermuten, dass Jesus in der Stille Gott, seinem Vater, begegnet. Aber interessanterweise trifft er in der flirrenden Wüstenhitze das Böse in Person: den Teufel. Jesus wird das erste Mal auf die Probe gestellt.

Okay, ich muss zugeben: Diese Story hält einen eher davon ab, die Stille zu suchen ... Ich meine, was ist schon angenehm daran, in der Stille auf eine gruselige Gestalt zu treffen? Oder auf komische, wirre Gedanken, Ängste, Zweifel? Ich glaube, hier liegt der Grund, warum wir die Stille oft meiden. Denn in der Stille haben wir Zeit, unser Leben anzuschauen. Nachzudenken. Wir entdecken das Schöne an uns und unserem Leben, aber wir sehen auch die Lasten, unsere Fehler, all das Schwere. Das kann wirklich frustig und zu einer teuflisch-deprimierenden Erfahrung werden. Aber: Diese Erfahrungen sind nicht der Schlusspunkt. Am Ende der Stille zeigt sich etwas Wunderbares. – Die Geschichte von Jesus in der Wüste geht weiter: Nachdem Jesus die Anfragen des Teufels überstanden hat, kommen Engel und versorgen Jesus. Und danach legt er, „erfüllt mit der Kraft des Heiligen Geistes", los – und hilft Tausenden Menschen.

Jesus wurde in der Wüste nicht vom Teufel überwältigt. Er hat dort neue Erfahrungen gemacht und wurde von Gott ausgerüstet für seinen Dienst an den Menschen.

Zwei Dinge motivieren mich immer wieder, mich in die Stille zu wagen:

In der Stille wird mir bewusst, wie sehr Gott mich liebt.
Die Stille ist eine Zeit, in der ich – nach manchem Kampf in meinem Kopf – inneren Frieden finde. Ein Freund von mir sagt: „Zehn Minuten Stille: in dieser Zeit lasse ich mich von Gott lieben." In der Stille kann ich Gott mein Leid klagen, aber ganz oft fällt mir all das Gute ein, das in meinem Leben passiert. Wenn ich auf das Kreuz in meiner Stille-Ecke schaue, dann erinnert mich das an die große Liebe, die Jesus für mich hat, und daran, dass er für mich gestorben ist.

In der Stille bekomme ich neue Kraft für meinen Alltag.
In der Stille werde ich ausgerüstet, um mit Gott zusammen die Welt zu prägen. Ganz krass habe ich das bei einem Besuch in einem Waisenhaus in Indien erlebt. Dort arbeiten Schwestern aus demselben Orden, dem Mutter Teresa einmal vorstand. Und dort konnte ich beobachten, wie die Schwestern alle paar Stunden ein paar Minuten in der Kapelle verschwanden. Dort war absolute Stille und sie beteten leise. Das war ihre Stille-Pause, und sie berichteten mir, dass sie in der Stille die Liebe und die Kraft von Jesus holten, die sie selbst nicht mehr hatten – Liebe und Kraft, um den Waisenkindern begegnen zu können. Beeindruckend!

Seit einigen Wochen bin ich wieder zurück von meiner Hüttenzeit in der norwegischen Einsamkeit. Und ich sehne mich nach einem Ort der Ruhe und der stillen Begegnung mit

Gott – mitten in meinem Alltag. In meiner Stille-Ecke (Hocker, Kerze, Kreuz, Bibel) spiele ich jede Woche ein bisschen „Hütte" nach. Ich treffe dort das Böse in mir, tausend Gedanken, und oft (aber nicht immer) erkenne ich, wie großartig Gott ist. Oft bin ich nach der Stille-Zeit friedlicher und liebevoller, denn ich weiß wieder neu, dass ich ein Kind des Königs bin.

Wo ist dein „Hüttenplatz", dein Stille-Ort? Trau dich einfach mal, die Stille zu suchen! Musik aus, Stille an!

Jetzt wird's praktisch!
Meine sieben besten Stille-Tipps

Abschalten

Stille funktioniert nur, wenn Lärmquellen abgeschaltet werden. Das kann dein kleiner Bruder oder dein Handy sein. Wobei du deinen Bruder bitte nicht ausschaltest, sondern dir eher einen Ort suchst, an dem du allein bist. Also Handy aus, TV aus, tickende Uhr abnehmen, Fenster zu, Musik aus ...

Dein Ort

Finde deine ein bis zwei Lieblingsorte. Das kann eine Bank im Garten sein oder eine Ecke deines Zimmers. Ein Stille-Ort sollte nah bei dir zu Hause sein. Wenn du magst, richte ihn ein: mit einer Kerze, einer Spruchkarte, einem Kreuz ...

Feste Zeiten

Plane die Stille fest in dein Leben ein. Vielleicht einmal die Woche abends, einmal morgens. Oder immer abends um acht. Oder nimm dir vor, alle Medien immer eine halbe Stunde vor dem Einschlafen auszuschalten und erst eine halbe Stunde nach dem Aufstehen anzuschalten.

Kein Stress

Man muss keine ganze Stunde still sein. Fange mit fünf oder zehn Minuten an. Und du musst dir auch keinen Stress machen, wenn du deine Gedanken nicht zur Ruhe bringen kannst oder du nichts von Gott gespürt hast. Relax!

Hilfen

Es gibt einige Hilfsideen für die Stille. Nimm dir Papier und Stift mit und schreibe Gedanken oder „To-dos" auf, dann sind sie aus dem Kopf raus. Such dir einen Bibelvers und lies/ bedenke ihn immer wieder, wenn du abschweifst. Anderen hilft eine Glocke oder eine Klangschale, um zur Ruhe zu kommen. Auch Atemübungen können helfen (siehe zum Beispiel unter www.mehrentspannung.de).

Mit anderen Stille teilen

Man kann auch sehr gut mit anderen zusammen still sein. Das motiviert und man kann danach über seine Erfahrungen oder seinen Frust reden. Viele Kirchen/Klöster bieten auch gemeinsame Stille-Zeiten (wie zum Beispiel Stille-Wochenenden) an. Das Kloster Gnadenthal, die Zukunftswerkstatt SJ (ein Projekt der Jesuiten) und andere haben auch spezielle Angebote für junge Leute im Programm.

Fokus

Wichtig bleibt: Es geht bei der Stille nicht darum, einen Weltrekord im Schweigen aufzustellen, sondern darum, Gott zu treffen.

Eine Stille-Geschichte aus der Bibel
Elija begegnet Gott – in der Stille

Der Prophet Elija muss nach einer Machtprobe aus Israel fliehen, da die Königin Isebel ihn hinrichten lassen will. Er flieht erst in den Süden des Landes Juda, dann in die Wildnis. Niedergeschlagen und verzweifelt verkriecht er sich in eine Höhle ...

Da antwortete ihm der Herr: „Komm aus deiner Höhle heraus und tritt vor mich hin! Denn ich will an dir vorübergehen." Auf einmal zog ein heftiger Sturm auf, riss ganze Felsbrocken aus den Bergen heraus und zerschmetterte sie. Doch der Herr war nicht in dem Sturm. Als Nächstes bebte die Erde, aber auch im Erdbeben war der Herr nicht. Dann kam ein Feuer, doch der Herr war nicht darin. Danach hörte Elia ein leises Säuseln.

Er verhüllte sein Gesicht mit dem Mantel, ging zum Eingang der Höhle zurück und blieb dort stehen. Und noch einmal wurde er gefragt: „Elia, was tust du hier?"
1. Könige 19,11–13

Das 2-Uhr-Gebet

Diesmal gibt es kein Gebet. Sondern Stille. Probiere etwas von den Praxis-Ideen aus. Zum Start kannst du so etwas beten, wie: „Jesus, hier bin ich. Hilf mir, zur Ruhe zu kommen und deine Liebe zu spüren."

ALBTRAUM ADÉ

VON ZOMBIES UND EINEM GESPENST AUF DEM SEE

Sieben komische Sachen, die in Gruselfilmen immer passieren

- Das Auto springt nie beim ersten Mal an.
- Eine einzige Kerze kann einen riesigen Raum hell erleuchten.
- Auf die Frage „Hallo? Ist da jemand?" gibt es nie eine Antwort.
- Die Helden können auch blutend und ohne Körperteile rennen und springen.
- Bei Gefahr trennen sich Gruppen grundsätzlich.
- Telefone sind immer kaputt, Handys haben nie Empfang oder der Akku ist leer.
- Wer sagt: „Ich komme gleich wieder!", stirbt.

Nur in meinem Kopf...

Ich liege ganz still in meinem Bett. Regungslos. Mein Atmen klingt laut in meinem Kopf; ich lausche angestrengt in die Stille. Um mich herum ist es finster. In mir drin auch. Ich bin ganz allein im Haus.

Da ist es wieder!

Mein Herz rast. Jetzt ist es wieder still. Mein Kopfkino läuft ... Was, wenn da jemand im Haus ist? Soll ich meine Tür abschließen oder zu den Nachbarn rennen? Oder doch lieber still liegen bleiben, damit der Einbrecher mich nicht bemerkt? Panik macht sich in mir breit. „Denk an was Schönes", flüstere ich mir selbst zu. Aber das funktioniert nicht.

Da ist es wieder! Es scheint näher zu kommen: immer erst dieses Knacken. Dann ein Dröhnen und Schieben. Dann wieder Stille.

Ich merke, wie ich am ganzen Körper zittere. „Mein Gott, hilf mir!", denke ich verzweifelt. Schließlich fasse ich mir ein Herz und taste leise nach meinem Handy. Meine Eltern sind bei Freunden, und eigentlich bin ich viel zu cool, um sie anzurufen. Aber jetzt ist mir das egal. „Papa, Papa ... gut, dass du drangehst. Bei uns im Haus, da ist jemand." – „Doch, doch! Es knackt. Und dann dröhnt es irgendwo. Das ist hier im Haus."

Es tut gut, die Stimme meines Papas zu hören. Aber wieso lacht er? „Hallo Papa???"

Und dann sagt er die Worte, die meine Angst verschwinden lassen: „Mein Kind, das ist die neue Heizung, die klackt, wenn sie anspringt, und dann dröhnt der Brenner."

Ich lache und denke: „Oh Mann! Was bin ich für ein Angsthase!!"

Der 3-Uhr-Bibelvers

Jesus spricht: „In der Welt habt ihr Angst; aber seid getrost, ich habe die Welt überwunden."
Johannes 16,33; LU

Impuls

Wovor hast du Angst? Vor welchen Menschen? Vor welchen Situationen? Hast du vielleicht sogar Angst vor dir selbst? Vor deinen Ausrastern, deinen fiesen Gedanken und schlechten Launen? Oder hattest du schon mal Angst vor Gott?

Ich kenne keinen Menschen, der *keine* Angst hat... außer natürlich Chuck Norris. Ich habe zum Beispiel Angst vor Schlangen, und als ich im Sommer allein in einer einsamen Hütte war, da ging es mir nachts oft so wie oben in der Geschichte – außer dass ich niemanden anrufen konnte.

Auch Jesus und seine Jünger hatten Angst

Wusstest du, dass sogar Jesus Angst hatte? Kurz vor seiner Kreuzigung redete er im Garten Getsemani mit Gott und „in seiner Todesangst" tropfte ihm der Schweiß wie Blut auf den Boden (Lukas 22,44). Jesus weiß, wie sich Angst anfühlt. Deswegen mag ich Jesus so gerne. Und immer wieder sagt er diesen einen Satz: „Fürchte dich nicht!" Je nach Zählweise stehen die Worte „Fürchte dich nicht!" übrigens 366-mal in der Bibel. Für jeden Tag des Jahres einmal – auch für die Schaltjahre.

Einige Menschen glauben, dass man deswegen als Christ keine Angst haben darf. So ein Quatsch! Angst ist etwas Lebensrettendes. Sie hilft uns, nicht in Löwenkäfige zu steigen oder einfach so aus dem Flugzeug zu springen. Aber Angst kann einen auch lähmen und krank machen.

In der Bibelgeschichte auf Seite 204 geht es um ein Gespenst auf dem See. Dieses Gespenst begegnet den Freunden von Jesus mitten auf dem See Genezareth, als sie in einen Sturm geraten. Es läuft übers Wasser. Gruselig! Lies die Geschichte am besten selbst, aber ich spoilere mal kurz: Das Gespenst ist

Jesus. Als Petrus Jesus erkennt, wagt er es, sogar mit ihm auf dem Wasser zu gehen. Petrus sinkt nicht ein, solange er vertrauensvoll auf Jesus schaut.

Angst und Vertrauen scheinen eng beieinanderzuliegen. Sehen kann man das bei Kindern: Hast du mal beobachtet, wie ein kleines Kind seinen Eltern in die Arme springt, auch wenn die Eltern gar nicht bereit sind!? Das macht ein Kind nicht bei jedem Menschen. Und auch bei den Eltern geht das nicht immer gut … siehe YouTube-Fail-Videos. Aber die meisten kleinen Kinder sind sich gaaaanz sicher, dass Mama und Papa sie auffangen.

Gottes Liebe vertreibt die Angst

Wenn wir älter werden, machen wir neue Erfahrungen. Vielleicht sind wir einfach zu schwer geworden, um in die Arme unserer Eltern zu springen, ohne sie zu erschlagen. Aber vermutlich werden wir schon früher skeptisch. Wir erleben, dass man Eltern, Lehrern, anderen Kindern nicht immer trauen kann. Und neben der normalen Angst vor Fremden oder gefährlichen Tieren kommt eine neue Angst hinzu: die Menschenfurcht vor Leuten, die ich kenne und vielleicht sogar mag. Dann können solche Fragen im Kopf auftauchen, wie:

 „Was denkt der andere wohl von mir?"

 „Wenn ich das und das nicht tue, liebt der andere mich dann noch?" „Wenn sie das von mir weiß, will sie dann noch etwas mit mir zu tun haben?"

 „Wenn von diesen Gedanken jemand wüsste, dann wäre ich verloren."

Kennst du diese Fragen? Ich kenne sie sehr gut! Und auch die Angst, die hinter diesen Fragen steckt.

In der Bibel gibt es einen tollen Vers, der mir sehr gefällt: „Liebe vertreibt die Angst" (1. Johannes 4,18). Und ich habe die Erfahrung gemacht: Dieser Vers stimmt. Liebe kann die Angst tatsächlich vertreiben. An den Orten vollkommener Liebe, im Zusammensein mit Menschen, bei denen ich mich geliebt weiß, wird diese Angst weniger. Liebe und Vertrauen sind gute Waffen gegen Ängste.

In 1. Johannes 4,18 ist allerdings nicht die freundschaftliche Liebe oder die Liebe zwischen zwei Menschen gemeint. Das Wort, das im griechischen Originaltext für „Liebe" steht, meint Gottes Liebe. Es heißt also im Grunde: „Gottes Liebe vertreibt die Angst."

Gott bewertet dein Wesen nicht. Gott kann mit den Ängsten und Fehlern umgehen. Gottes Liebe hält dich fest, auch wenn du nicht mehr vertraust und deine Sorgen dich ersaufen lassen.

Gott sehnt sich danach, dass du ihm vertraust, weil er weiß, dass deine quälenden Ängste dann weniger werden und Unmögliches möglich wird. Vertrauen und Liebe setzen Energie frei und wollen dich groß machen. Angst und Sorgen dagegen lähmen dich und wollen dich klein machen. Vergiss nie: Gottes Liebe kann deine Angst lindern!

Jetzt wird's praktisch!
Die elf besten Angstkiller

► Gib zu, dass du Angst hast. Sag es laut oder rede mit jemandem. Etwas, das ausgesprochen wurde, verliert an Macht.
► Erinnere dich daran, dass jeder Angst hat und das auch vollkommen okay ist.

- Bete! Sage Jesus, was du fühlst. Oder bete vorformulierte Gebete oder das „Vaterunser".
- Lerne 2–3 Bibelverse auswendig, wie zum Beispiel den Vers auf Seite 199 unten. Du kannst in deiner Bibel auch mal bei Jesaja 41,10; Psalm 56,4; Psalm 118,6 oder Josua 1,9 nachgucken. Denke/murmele/spreche deinen „Anti-Angst-Vers", wenn die Angst kommt.
- Suche dir Hilfe und spreche mit Freunden/Jugendleitern/Verwandten über deine Ängste und über mögliche Lösungen deines Angstproblems.
- Gegen die Angst vor Menschen hilft Folgendes: Stell dir die Leute als Kind vor (oder in Unterwäsche) – und bedenke, dass auch sie Angst haben!
- Rede mit deiner Angst: „Ach, da ist sie wieder, meine Angst vor Spinnen. Hi, lange nichts von dir gehört. Eigentlich will ich dich gar nicht haben. Also: Verschwinde heute einfach mal."
- Gehe deine Ängste aktiv an. Wenn du zum Beispiel Höhenangst hast, wage dich langsam jedes Mal etwas weiter nach oben.
- Lache, weine, tanze, schreie ... starke Emotionen verändern Situationen.
- Stelle dich breitbeinig hin und stemme die Hände in die Hüften. Diese Haltung hilft, die Angst zu beruhigen und mehr Mutgefühle zu bekommen.
- Wenn deine Ängste nicht besser werden und dein Leben blockieren, dann suche dir professionelle Hilfe bei einem Therapeuten.

Eine Anti-Angst-Geschichte aus der Bibel

„Hilfe, ein Gespenst!"

Gleich darauf drängte Jesus seine Jünger, in ihr Boot zu steigen und an das andere Ufer des Sees vorauszufahren. Er selbst blieb zurück, denn er wollte erst noch die Leute verabschieden. Dann ging er auf einen Berg, um ungestört beten zu können. Bei Einbruch der Nacht war er immer noch dort, ganz allein.

Die Jünger waren schon weit draußen auf dem See, als ein Sturm heraufzog. Der starke Gegenwind peitschte die Wellen auf und machte dem Boot schwer zu schaffen.

In den frühen Morgenstunden kam Jesus über den See zu ihnen. Als die Jünger ihn auf dem Wasser gehen sahen, waren sie zu Tode erschrocken. „Es ist ein Gespenst!", meinten sie und schrien voller Entsetzen.

Aber Jesus sprach sie sofort an: „Habt keine Angst! Ich bin es doch, fürchtet euch nicht!"

Da rief Petrus: „Herr, wenn du es wirklich bist, dann befiehl mir, auf dem Wasser zu dir zu kommen."

„Komm her!", antwortete Jesus. Petrus stieg aus dem Boot und ging Jesus auf dem Wasser entgegen. Kaum war er bei ihm, da merkte Petrus, wie heftig der Sturm um sie tobte. Er erschrak, und im selben Augenblick begann er zu sinken. „Herr, hilf mir!", schrie er.

Sofort streckte Jesus ihm die Hand entgegen, hielt ihn fest und sagte: „Vertraust du mir so wenig, Petrus? Warum hast du gezweifelt?"

Sie stiegen ins Boot und der Sturm legte sich.

Da fielen sie alle vor Jesus nieder und riefen: „Du bist wirklich der Sohn Gottes!"

Matthäus 14,22–33

Das 3-Uhr-Gebet

Ich habe Angst vor der Zukunft.
Du sagst: „Fürchte dich nicht, ich geh mit dir!"

Ich habe Angst, in den Spiegel zu schauen.
Du sagst: „Trau dich, ich liebe dich, so wie du bist."

Ich habe Angst vor dem nächsten Streit.
Du sagst: „Hab keine Angst, ich bin da!"

Ich habe Angst vor der Nacht und der Einsamkeit.
Du sagst: „Fürchte dich nicht, ich bin dir ganz nah!"

Ich habe Angst vor dem Bösen in mir. Du sagst:
„Ich fürchte mich nicht vor dir."

Ich habe Angst vor den Erwartungen der anderen.
Du sagst: „Bei mir müssen alle Erwartungen draußen warten.
Ich liebe dich bedingungslos."

Ich habe Angst, dich zu verlieren.
Du sagst: „Fürchte dich nicht. Ich geh mit dir bis ans Ende der
Welt!"

Ich bin mit meiner Angst bei dir willkommen.
Deswegen fürchte ich mich nicht.
Amen.

DREAM BIG!

KOMM DEINER BERUFUNG AUF DIE SPUR

Schon gewusst?

- ▶ Leonardi DiCaprio träumte davon, Biologe zu werden.
- ▶ Angelina Jolie wollte lieber Bestatterin als Schauspielerin werden.
- ▶ Angela Merkel hatte mal vor, Eisläuferin zu werden.
- ▶ Julia Roberts Berufswunsch als Mädchen war Tierärztin.
- ▶ Sänger Mark Foster hatte als Kind fest vor, ins Kloster zu gehen und Priester zu werden.

Nur in meinem Kopf ...

Ich laufe durch die Menschenmenge. Alle jubeln und klatschen. Ein Absperrgitter trennt die Fans von mir und einige Leute halten Schilder mit meinem Namen hoch. Sie reichen mir Bilder von mir und Eddings über die Absperrung. Alle wollen ein Autogramm. Nicht nur auf Zetteln, sondern auch auf ihren Armen und Beinen soll ich unterschreiben. Ich kritzele überall meine Unterschrift hin und gehe weiter den roten Teppich entlang. Die Bundeskanzlerin begrüßt mich mit Handschlag und wir plaudern über meinen Erfolg. Plötzlich sagt sie: „Hör mal, das ist ein Matheheft und kein Kritzelbuch. Was soll das denn überhaupt heißen?

Und immer die gleichen Worte? Ist das etwa deine Unterschrift?"

Ich erwache aus meinem Tagtraum. Die Stimme gehört meiner Mathelehrerin, die neben mir steht. Und da sehe ich – statt des roten Teppichs – die Katastrophe: Mein Matheheft ist an allen möglichen Stellen mit meinem „Autogramm" versehen. Ich merke, wie mein Gesicht die Farbe des Teppichs bekommt, und realisiere, dass ich weder berühmt noch erfolgreich bin, sondern gerade einen Eintrag ins Klassenbuch bekommen habe. Dabei träume ich doch einfach nur davon, ein bisschen berühmt zu sein ...

Der 4-Uhr-Bibelvers

Gott sprach: „Sage nicht: ,Ich bin zu jung!'
Zu allen Menschen, zu denen ich dich sende, sollst du gehen und ihnen alles verkünden, was ich dir auftrage."
Jeremia 1,7

Impuls

Herzlich willkommen in meinem Kopf! Ich bin als Teenager tatsächlich in meinem Zimmer auf und ab gegangen und hab Autogramme gegeben. So manches Buch und viele Blockseiten wurden auf diese Weise zu Autogrammkarten. Ja, ich wollte so gerne berühmt sein! Natürlich wollte ich erst Fußballprofi werden, wie meine Vorbilder vom 1. FC Kaiserslautern (damals waren die noch gut). Als ich merkte, dass es dafür nicht reichen wird, schwenkte ich um: auf Sportreporter, dann auf Moderator und schließlich auf Starprediger. Das waren meine abgefahrenen Träume. Wenn man mich nach meinen Berufswünschen fragte, sagte ich je nach Phase Sachen wie: Lehrer (wie mein Papa), Pfarrer (wie mein Bruder), Missionar (wie mein Schwager) oder etwas später dann: Kameramann. Denn wenn ich es schon nicht vor die Kamera schaffen sollte, dann wenigstens *hinter* die Kamera.

Spannend finde ich, dass mein Job als Jugendreferent (der ich bis vor Kurzem war) auf gewisse Art eine Mischung aus Pfarrer, Missionar und Lehrer war. Und ja: Meine erste Ausbildung habe ich tatsächlich als Kamera-Assistent gemacht. Als Moderator und Prediger stehe ich heute auch immer wieder auf der Bühne. Nur das mit dem Autogramme-Geben und Berühmtwerden hat bis jetzt noch nicht so ganz geklappt. 😄

Ich glaube, dass Gott schon von Anfang an Träume in unser Herz legt. Und einen Plan mit uns hat. Deshalb liebe ich die Bibelstelle aus dem Buch Jeremia so sehr:

Noch bevor ich dich im Leib deiner Mutter entstehen ließ, hatte ich schon einen Plan mit dir.
Jeremia 1,5

Krass, oder? Diese Worte sprach Gott zu Jeremia ganz persönlich. Schon bevor dessen Mutter überhaupt schwanger war, hatte Gott schon einen Plan mit Jeremia. Und das gilt auch für dich! Schon vor deiner Geburt hatte er einen Plan mit dir. Du bist nicht auf der Welt, um YouTube zu gucken oder beim Zocken auf dem Sofa festzuwachsen. Gott hat für dich einen viel größeren und genialeren Plan ausgeheckt. Nun ist es deine Aufgabe, ihn zu entdecken. Wie das geht? Nun, so ähnlich wie bei einer Schatzsuche: Du brauchst ein paar Hinweise, um Stück für Stück zum Ziel zu kommen. Folgende Fragen können dir als Wegweiser dienen:

- Wovon träumst du? Vergiss mal die Realität und überlege: Was würdest du gerne machen, wenn Zeit, Geld und deine Möglichkeiten keine Rolle spielen würden?
- Was ist dein absoluter Traumjob?
- Was machst du total gern? Was kannst du wirklich gut?
- Was würdest du gerne auf der Welt/in deiner Umgebung/ in deinem Leben verändern? Welches Unrecht, das anderen Menschen passiert, macht dich total wütend oder traurig?
- Wer sind deine Vorbilder? Wen bewunderst du für sein Handeln?
- Wofür kann man dich so richtig begeistern?
- Welche Gruppe von Menschen liegt dir besonders am Herzen? (Mitschüler, Außenseiter, Kindergartenkinder, Flüchtlinge, dein Teenkreis, Kinder in armen Ländern ...)

Ich persönlich habe irgendwann gemerkt, dass mich eine Gruppe von Leuten besonders bewegt: nämlich Teens und Jugendliche, die Gottes Liebe noch nicht kennen – und besonders Jungs. Deswegen sind mir die Probleme von Menschen mit Behinderung, Kindern in Afrika oder Obdachlosen nicht egal, aber sie machen mich nicht so traurig oder wütend, wie das der Fall wäre, wenn Gott mir diese Menschen aufs Herz gelegt hätte. Eben weil Gott mir nicht christliche Teens und Jugendliche aufs Herz gelegt hat, habe ich mit einem Team eine Jugendarbeit im Osten Deutschlands aufgebaut, Bücher speziell zu Jungs-Themen geschrieben und investiere mich von Herzen in diese Zielgruppe.

Wer oder was berührt dein Herz?

Wenn du noch keine Antworten auf diese Fragen hast, dann rede doch mal mit Gott darüber. Oder frage andere Menschen (die dich gut kennen): „Was kann ich gut? Welchen Beruf kannst du dir gut für mich vorstellen? Natürlich wird man manchen Traum auch beerdigen müssen, wie ich irgendwann meinen Fußballstar-Traum begraben habe. Aber das ist okay.

Zweifele nicht daran, dass Gott aus deinem Leben und deinen Begabungen etwas Großes machen kann. Mein Deutschlehrer in der Schule hätte sicher nie gedacht, dass ein Chris Pahl mal Bücher schreiben wird, sonst hätte er mir nicht dauernd Vieren gegeben.

Mutter Teresa war eine kleine unscheinbare Nonne.

Angela Merkel war eine unauffällige Physikerin.

So ist Gott: Er macht aus etwas Kleinem etwas Großes.

Rufe dir immer wieder ins Gedächtnis: Du hast Begabungen und besondere Fähigkeiten! Nein, du bist nicht zu jung oder zu dünn oder zu untalentiert oder sonst was, um etwas in der Welt zu bewegen.

Geh deinen Talenten auf die Spur. Probiere dich aus, geh den Fragen von weiter oben nach. Und irgendwann wird sich langsam, aber sicher ein Weg entwickeln, wird Gott dir Schritt für Schritt einen Weg zeigen.

Apropos „Gottes Weg mit dir": Sein größter Plan ist übrigens nicht in erster Linie das, was du mal beruflich machen wirst. Sein Plan ist auch nicht, dass du die Welt rettest. Sein größter Plan mit dir und deinem Leben – deine größte und erste Berufung – ist es, ein geliebtes Kind Gottes zu sein.

Mein tiefstes Wesen, meine tiefste Berufung, ist nicht „Jugendreferent" oder „Buchautor", sondern „Freund von Jesus", „ein Kind des liebenden Vaters und ein wunderbares Geschöpf Gottes". Und auf dieser Basis schickt Gott auch dich in die

Welt, in deine Schule, in deine Nachbarschaft, in deinen Sportverein ... und später dann mal in deinen Beruf. Ist doch richtig gut, oder?

Jetzt wird's praktisch!

Wir spielen mal zwei Träume durch:

Fall 1: Du möchtest Bundeskanzlerin werden.

To-do:

▶ Rede mit Gott über deinen Traum. Halte ihm ihn hin.

▶ Informiere dich, was ein Bundeskanzler macht und wie man das wird.

▶ Trete in eine der großen Parteien ein und engagiere dich in deinem Ort für die Menschen.

▶ Überlege, welches Studium oder welche Ausbildung klug wäre, um dein Ziel zu erreichen.

▶ Suche dir Ermutiger und Unterstützer auf deinem Weg.

▶ Wenn du Bundeskanzlerin bist, schicke mir bitte eine Einladung zu einem Abendessen.

Fall 2: Du merkst, dass du ein großes Herz für hungernde Kinder in Afrika hast.

▶ Fange an, für die Menschen zu beten.

▶ Informiere dich über die Situation und Hilfsmöglichkeiten.

▶ Fange an zu spenden.

▶ Schaue nach Organisationen, die ein Auslandsjahr (als FSJ, Internationaler Jugendfreiwilligendienst, Diakonisches Jahr im Ausland ...) anbieten.

▶ Frage Gott, was er mit dir zu diesem Thema vorhat. Rede mit schlauen Christen darüber.

Und in beiden Fällen gilt:
▶ Halte durch und gib nicht zu schnell auf!
▶ Frage Gott immer wieder, ob es deine oder seine Idee ist.

Eine traumhafte Geschichte aus der Bibel
Gott hatte einen Traum

Der Prophet Jeremia (der etwa um 626 vor Christus lebte) erzählt:

Eines Tages sprach der Herr zu mir: „Ich habe dich schon gekannt, ehe ich dich im Mutterleib bildete, und ehe du geboren wurdest, habe ich dich erwählt, um mir allein zu dienen. Du sollst ein Prophet sein, der den Völkern meine Botschaften verkündet."

Ich aber erwiderte: „O nein, mein Herr und Gott! Ich habe keine Erfahrung im Reden, denn ich bin noch viel zu jung!"

Doch der Herr entgegnete: „Sag nicht: Ich bin zu jung! Zu allen Menschen, zu denen ich dich sende, sollst du gehen und ihnen alles verkünden, was ich dir auftrage. Fürchte dich nicht vor ihnen, ich bin bei dir und werde dich beschützen. Darauf gebe ich, der Herr, mein Wort."

Er streckte mir seine Hand entgegen, berührte meinen Mund und sagte: „Ich lege dir meine Worte in den Mund und gebe dir Vollmacht über Völker und Königreiche. Du wirst sie niederreißen und entwurzeln, zerstören und stürzen, aber auch aufbauen und einpflanzen!"

Dann fragte er mich: „Jeremia, was siehst du dort?"

„Einen Mandelbaumzweig, dessen Blüten bald aufgehen."

„Richtig!", sagte er. „Genauso wird alles in Erfüllung gehen, was ich ankündige. Dafür sorge ich."

Jeremia 1,4–12

Das Zwei-Uhr-Gebet
I have a dream!

Gott, ich habe einen Traum von meinem Leben, das gelingt, Freude macht und anderen guttut.

Gott, ich habe einen Traum von einer Welt, die in Liebe und Respekt miteinander lebt.

Gott, ich habe Träume von Weltreisen, coolen Aktionen, Berühmtsein ... bei denen ich mir nicht sicher bin, ob sie von dir kommen.

Gott, ich habe den Traum, dass ich mich selbst lieben und annehmen kann.

Gott, ich habe einen Traum für meine Familie und Freunde, dass sie dich kennenlernen und Glück finden.

Gott, ich habe den Traum, dass du meine Träume erfüllst und mich gebrauchst.

Amen.

LICHT AM HORIZONT

UND AM ENDE WIRD ES WIEDER HELL

Schon gewusst?

- ► Der Sonnenaufgang und die Morgendämmerung auf dem Mars sind blau. (Das liegt an den Bestandteilen der Atmosphäre.)
- ► Bei uns dauert ein Sonnenaufgang drei bis vier Minuten, am Äquator nur zwei Minuten.
- ► Am Nordkap gibt es von Mitte Mai bis Ende Juli keinen Sonnenuntergang, weil die Sonne immer zu sehen ist. Dafür gibt es im Winter zwei Monate keinen Sonnenaufgang.
- ► Kurz nach Sonnenaufgang ist meist der kühlste Moment der Nacht.
- ► Im Judentum beginnt der neue Tag schon mit dem Sonnenuntergang am Vorabend.

Nur in meinem Kopf ...

Das muss das Paradies sein. Ich bin mir ganz sicher. Dabei war ich vor ein paar Stunden noch in der Hölle. Es ist die letzte Nacht auf der Sommerfreizeit. Wir dürfen durchmachen, wenn wir leise sind, haben die Mitarbeiter gesagt. Und das haben wir natürlich gemacht.

Die Mädels kamen rüber und wir haben jede Menge Quatsch gemacht. Aber in mir drin tobte ein Kampf und ich hatte echt alle Hoffnung verloren. Seit dem ersten Tag der Freizeit war sie mir aufgefallen. Vier Buchstaben: ANNA. Sie sieht nicht nur gut aus, sondern ist auch noch witzig und intelligent. Aber wie es mir so oft geht, bekam ich es nicht auf die Reihe, sie anzusprechen. Noch vor drei Stunden beobachtete ich sie heimlich, wie sie lachte, und die Erkenntnis, dass ich für immer Single bleiben werde, verursachte bei mir beinahe körperliche Schmerzen. Es war so hoffnungslos.

Bis zu diesem einen Moment, als Anna plötzlich meine Hand nahm und sagte: „Komm, wir gehen auf die Terrasse Sterne schauen." Seitdem ist alles toll, wunderbar, genial ... Wir haben geredet und ich hab mich getraut, sie in den Arm zu nehmen. Nun liegt ihr Kopf auf meiner Schulter und gerade bricht der erste Sonnenstrahl durch die Wolken. Licht durchbricht die Dunkelheit ... Es gibt Hoffnung!

Der 5-Uhr-Bibelvers

Am Abend, als der Sabbat vorüber war, kauften Maria aus Magdala, Salome und Maria, die Mutter von Jakobus, wohlriechende Öle, um den Leichnam von Jesus zu salben. Früh am Sonntagmorgen, gerade als die Sonne aufging, kamen die Frauen damit zum Grab.
Markus 16,1–2

Impuls

Krass! Das ist mir noch nie aufgefallen. Erst, als ich eben das Wort „Sonnenaufgang" in der Online-Bibel suchte, wurde es mir klar: Die Entdeckung, dass Jesus von den Toten auferstanden ist, geschah bei Sonnenaufgang. Warum mich das so begeistert, will ich dir gleich erzählen.

Wann hast du zuletzt einen Sonnenaufgang gesehen? Wo war das? Wer war dabei? War es schön?

Ich liebe Sonnenaufgänge und -untergänge. Dieses Farbenspiel ist so atemberaubend! Für mich ist das ganz oft ein Moment, in dem ich anfange zu beten. Ganz automatisch. Diese Farben und dieses Licht überzeugen mich in diesem Augenblick davon, dass nur ein genialer, liebender Schöpfer sich solche Schönheit ausdenken kann.

Eins fasziniert mich am Sonnenaufgang ganz besonders: Die Dunkelheit, die anscheinend die ganze Welt im Griff hatte, wird innerhalb kürzester Zeit durchdrungen von hellem, warmem Licht. Das Licht schenkt die Hoffnung auf einen neuen Tag voller Chancen und voller Schönheit.

Ich liebe diese Momente. Und das Gefühl, das dabei in mir aufkommt, passt so gut zum Ostermorgen, an dem die Frauen zum Grab von Jesus kommen. Ihre Welt war wirklich düster. Zwei Tagen zuvor wurde ihr großer Anführer, ihr bester Freund, brutal ans Kreuz geschlagen. Auf ihn hatten sie alle Hoffnungen gesetzt. Er war so anders gewesen! Er hatte so viel Liebe ausgestrahlt und kraftvolle Worte der Hoffnung verbreitet. Und nun war er tot. Besiegt. Machtlos. Niedergedrückt von Trauer und Hoffnungslosigkeit kommen die Frauen zum Grab. Und dann noch ein Schock: Das Grab ist leer! Hat etwa jemand den Leichnam Jesu gestohlen? Was war passiert? Doch dann begegnen sie einem Engel und schließlich treffen sie Jesus selbst. Sie können es kaum fassen: Jesus lebt! Alle Dunkelheit der letzten Tage ist innerhalb von wenigen Minuten wie weggewischt. Licht dringt nicht nur in die dunkle Grabhöhle, sondern auch in das Leben dieser Frauen.

Maria, Maria Magdalena und Salome waren die Ersten, die dem auferstandenen Jesus begegnet sind. Es war der allererste Ostermorgen. Und wir Christen feiern jedes Jahr diesen Ostermorgen, an dem das Leben über den Tod gesiegt hat. Und das könnten wir eigentlich jeden Tag tun: die Tatsache feiern, dass es in den dunklen Momenten des Lebens und der Ausweglosigkeit Hoffnung und Licht gibt. Weil Jesus auferstanden ist, haben Trauer und Schmerz nicht mehr das letzte Wort in unserem Leben.

Und genauso wie jede Nacht ein Ende hat, so hat auch der Tod ein Ende. Natürlich müssen du und ich einmal sterben. Das ist genauso sicher wie die Tatsache, dass es heute Abend dunkel wird. Aber die Frage ist ja: Ist mit dem Tod wirklich alles aus und vorbei? Jesus selbst gibt eine Antwort darauf: „Nein. Es ist nicht aus und vorbei. Für alle, die an mich glauben, geht es weiter mit einem ewigen Leben."

Zugegeben: Ich kann dir das nicht beweisen. Es gibt auch abgefahrene und sehr glaubhafte Geschichten von Menschen, die fast tot waren und dann Gott begegnet sind, aber wissenschaftlich beweisen kann das niemand. Man muss es glauben. Dass Jesus auferstanden ist, muss man auch glauben. Aber für mich ist das ein Glaube, der mir jetzt und hier in meinem Leben hilft. Zum Beispiel, wenn Menschen in meinem Umfeld sterben. Das erschüttert mich jedes Mal sehr, und doch klammere ich mich dann an die Hoffnung, dass sie an einem Ort sind, den die Bibel so beschreibt: Dort wird „Gott alle Tränen abwischen. Es wird keinen Tod mehr geben und keine Traurigkeit, keine Klage und keine Quälerei mehr" (Offenbarung 21,4). Ganz ehrlich, an so einen Ort wünsche ich mich manchmal hin. An einen Ort ohne islamistische Krieger, hetzende Präsidenten, Hungersnöte, fiese Lehrer, Liebeskummer, Zahnschmerzen ...

Jesus lädt uns ein, einmal an diesem Ort zu sein. Durch seinen Tod und seine Auferstehung hat er dafür gesorgt, dass wir einmal dort sein können. Wir müssen es uns nicht verdienen oder erarbeiten – denn das können wir gar nicht. Ewiges Leben kann man sich nicht erarbeiten. Es ist reine Gnade, ein unverdientes Geschenk. Alles, was wir tun müssen, ist, dieses Geschenk anzunehmen.

So gerne ich auch im Hier und Jetzt lebe: Diese Aussicht nimmt mir die Angst vor meinem Tod. Und ich kann nach langen 37 Lebensjahren sagen, dass es stimmt: In den hoffnungslosesten und dunkelsten Stunden meines Lebens kam immer ein Lichtstrahl durch. Ganz oft kam Gott in Gestalt von Menschen bei mir vorbei, die mir neue Hoffnung gaben. Gerade erst letzte Woche hatte ich einen dieser echt miesen Tage, und da bekam ich eine SMS (ja, das gibt's noch) von einem Freund. Er schrieb, dass er gerade jetzt für mich betet und mich super findet. Hoffnungsvoll!

Wo brauchst du heute Hoffnung?

Jetzt wird's praktisch!
Zehn Dinge, die du in hoffnungslosen Momenten tun kannst

► Erzähle anderen von deiner Hoffnungslosigkeit. Freunden, Familie, Gott ... Du darfst auch klagen und motzen!
► Erinnere dich an schöne Momente in deinem Leben (deinen letzten Döner, einen schönen Sonnenaufgang, die Kissen-

schlacht mit deinem kleinen Bruder, gemeinsame Zeit mit guten Freunden ...). Danke Gott dafür.

- ▶ Höre Musik, die dich froh macht („Happy"). Ich zum Beispiel höre ganz oft Lobpreislieder, denn sie erinnern mich daran, dass Gott größer ist als mein Problem.
- ▶ Lies eine Mut machende Geschichte. Zum Beispiel eine Biografie, eine Jesusgeschichte oder ein Kapitel in diesem Buch. 😄
- ▶ Meide die „Downer" in deiner Umgebung. Es gibt Menschen, die immer alles negativ sehen und schlechtreden. Wenn du hoffnungslos bist, halte dich von ihnen fern.
- ▶ Suche die Nähe von hoffnungsvollen Menschen, die Freude ausstrahlen.
- ▶ Denke an Leute, denen es schlechter geht als dir. Hm, ja, das ist ein gefährlicher Tipp, denn das kann ganz schnell in fieser Schadenfreude enden. Aber meistens vergleichen wir uns in Depri-Phasen mit Menschen, denen es besser geht als uns. Denk also, wenn es dir wieder mal schlecht geht, daran, dass es 90 Prozent der Menschen auf der Welt schlechter als dir geht – viele haben nicht genug zu essen, kein eigenes Bett, keine Chance, in die Schule zu gehen, usw. Das kann dir helfen, einen dankbaren Blick auf dein Leben zu bekommen. Eine andere hilfreiche „Übung" ist, dir am Ende jedes Tages drei Dinge zu überlegen, für die du dankbar sein kannst.
- ▶ Schau dir einen Sonnenaufgang oder -untergang an (zur Not auch im Internet).
- ▶ Lies, wenn du Hoffnung brauchst, ermutigende Bibelverse: zum Beispiel Jeremia 29,11; Psalm 42,12; Jesaja 40,31; Hebräer 11,1; Matthäus 11,28; Hebräer 10,23.
- ▶ Freu dich, dass das Leben mit all seinen Problemen nicht das Ende ist, sondern dass wir noch eine Welt ohne Leid vor uns haben.

Eine Hoffnungsgeschichte aus der Bibel
Hoffnung für Bartimäus

Dann kamen Jesus und seine Jünger nach Jericho. Als sie die Stadt wieder verlassen wollten, folgte ihnen eine große Menschenmenge. An der Straße saß ein Blinder und bettelte. Es war Bartimäus, der Sohn von Timäus. Als er hörte, dass es Jesus aus Nazareth war, der vorbeikam, begann er laut zu rufen: „Jesus, du Sohn Davids, hab Erbarmen mit mir!"

Die Leute fuhren ihn an, er solle still sein. Aber er schrie nur noch lauter: „Du Sohn Davids, hab Erbarmen mit mir!"

Da blieb Jesus stehen: „Ruft ihn her zu mir."

Ein paar von den Leuten liefen zu dem Blinden und sagten zu ihm: „Nur Mut! Steh auf, Jesus ruft dich!"

Da warf er seinen Mantel zur Seite, sprang auf und kam zu Jesus.

„Was soll ich für dich tun?", fragte ihn Jesus.

„Rabbi", flehte ihn der Blinde an, „ich möchte sehen können!"

Darauf antwortete Jesus: „Geh! Dein Glaube hat dich geheilt."

Im selben Augenblick konnte der Blinde sehen, und er ging mit Jesus.

Markus 10,46–52

Das 5-Uhr-Gebet

Du lässt Schönes entstehen
So viel Schmerz –
ich frag mich, ob er jemals enden wird.
Auf meinem Weg durchs Leben
hab ich mich verirrt.
So viel Leid –
entsetzlich, wie die Welt
nach Hilfe schreit,
und jeder sucht den Weg
aus dieser Dunkelheit.

Doch du lässt Schönes entstehn,
aus Staub und Asche lässt du Schönes entstehn.
Du lässt Schönes entstehn,
in meinem Leben lässt du Schönes entstehn.

Überall keimt Hoffnung
in der Ausweglosigkeit.
Ein Lichtblick in der Finsternis macht sich jetzt breit.

Du machst mich neu.
Du machst mich wieder neu.

Originaltitel: Beautiful Things
Text und Melodie: Michael Gungor & Lisa Gungor
Dt. Text: David Schnitter
© 2009 worshiptogether.com songs
Für D, A, CH: SCM Hänssler, 71087 Holzgerlingen

Dank und Widmung

Die erste Idee zu diesem Buch kam mir im Januar 2017 auf dem Vorbereitungstreffen für eine Skifreizeit. Es war wie ein Geistesblitz.

Danke, Gott! Zusammen mit meiner Lektorin Verena Keil entwickelten wir die Idee weiter. Danke dir, Verena, für deine Ideen und dein treues Verbessern meiner Texte.

Danke auch an ...

- ... meine Eltern. Ihr seid meine Mutmacher und habt so vieles richtig gemacht (3 und 19 Uhr)!
- ... die vielen Jugendlichen und Mitarbeiter von crossover skul Leipzig, die mich inspiriert haben (18 Uhr).
- ... meine Männergebetstruppe. Ihr seid so treue Wegbegleiter (18 Uhr)!
- ... Evi, meine Korrekturleserin und Herzdame (5 und 22 Uhr).
- ... meine vielen guten Freunde (17 Uhr).
- ... all meine Mentoren und Ermutiger (2 Uhr).

Danke, lieber Leser, dass du mein Buch gelesen hast. Dafür hab ich es ja geschrieben. 😊 Wenn du mir ein Feedback zukommen lassen willst, maile mir an c.pahl-buch@gmx.de

Copyright © 2019 Gerth Medien GmbH,
Dillerberg 1, 35614 Asslar

Die Bibelzitate in diesem Buch wurden folgender Bibelübersetzung
entnommen:
Hoffnung für alle, © Copyright 1983, 1996, 2002, 2015 by Biblica, Inc.®
Verwendet mit freundlicher Genehmigung des Herausgebers Fontis (Hfa)
Weiterhin wurden verwendet:
Gute Nachricht Bibel, revidierte Fassung, durchgesehene Ausgabe,
© 2000 Deutsche Bibelgesellschaft Stuttgart (GN)
Lutherbibel, revidiert 2017, © 2016 Deutsche Bibelgesellschaft, Stuttgart (LU)
Die Volxbibel, Altes und Neues Testament, hg. von Martin Dreyer,
© für das Alte Testament: Pattloch Verlag GmbH & Co KG, München

1. Auflage 2019
Bestell-Nr. 817555
ISBN 978-3-95734-555-4

Umschlaggestaltung: Kathrin Steigerwald – Büro für Gestaltung
Lektorat: Verena Keil
Herstellung und Satzlayout: Immanuel Grapentin
Satz: Uhl + Massopust GmbH, Aalen
Druck und Verarbeitung: GGP Media GmbH, Pößneck
Printed in Germany

www.gerth.de